目　次

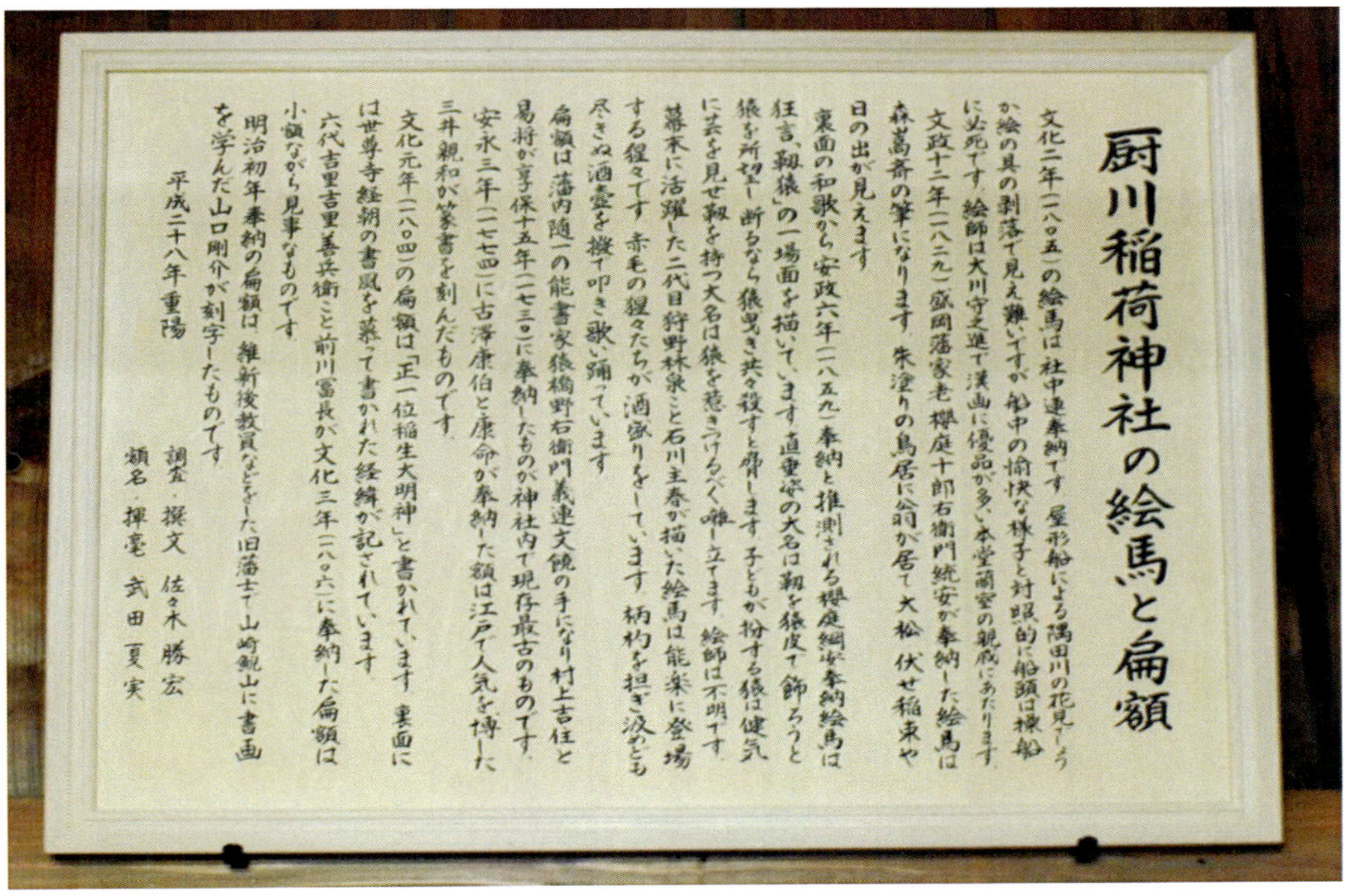

厨川稲荷神社の絵馬と扁額
文化二年(一八〇五)の絵馬は社中連奉納です 屋形船による隅田川の花見しよう
か絵の具の剥落で見え難いですが 船中の愉快な様子と対照的に船頭は操船
に必死です 絵師は大川守之進で漢山に優品が多く本堂蘭室の親戚にあたります
文政十二年(一八二九)盛岡藩家老 櫻庭十郎右衛門統安が奉納した絵馬は
森蔦斎の筆になります 朱塗りの鳥居に翁が居て 大松 伏せ稲束や
日の出が見えます
裏面の和歌から 安政六年(一八五九)奉納と推測される櫻庭綱安奉納絵馬は
狂言「靭猿」の一場面を描いています 直垂姿の大名は靭を猿皮で飾ろうと
猿を所望し 断るなら猿曳き共々殺すと脅します 子どもが扮する猿は健気
に芸を見せ靭を持つ大名は猿を惹きつけるべく囃し立てます 絵師は不明です
幕末に活躍した二代目狩野林泉こと石川主春が描いた絵馬は能楽に登場
する猩々です 赤毛の猩々たちが酒盛りをしています 柄杓を担ぎ汲めども
尽きぬ酒壺を撥で叩き歌い踊っています
扁額は藩内随一の能書家猿橋野右衛門義速文鏡の手になり村上吉任と
易将が享保十五年(一七三〇)に奉納したものが神社内で現存最古のものです
安永三年(一七七四)に古澤康伯と康命が奉納した額は江戸で人気を博した
三井親和が篆書を刻んだものです
文化元年(一八〇四)の扁額は「正一位稲生大明神」と書かれています 裏面に
は世尊寺経朝の書風を慕って書かれた経緯が記されています
六代吉里吉里善兵衛こと前川富長が文化三年(一八〇六)に奉納した扁額は
小額ながら見事なものです
明治初年奉納の扁額は 維新後教員などをした旧藩士で山崎鯢山に書画
を学んだ山口剛介が刻字したものです
平成二十八年重陽
調査・撰文 佐々木勝宏
額名・揮毫 武田夏実

序にかえて

総代　谷藤　泰司

元旦祭のあとに、公民館に場を移して直会（なおらい）が催されます。神饌を揃えることも緊張しながらも落ち度がないようにと務めさせてもらっています。大変有り難いことです。

九月の例大祭に向けても何度か打ち合わせをして本番を迎えます。神事そのものの準備もさることながら、相撲や神楽の団体、紙芝居の小学生の指導や演芸披露団体との打ち合わせ、準備、運営、片付けと様々な仕事があります。神社境内びっしりと軒を並べる屋台などの出店調整もあります。駐車場の確保もあります。総代の皆さんと係分担や協力をいただきながら、何とか責任を果たさせてもらっています。親睦や融和も自然と醸成していきます。これも偏にお稲荷様のお陰です。

歴史が古い。いろんなものが遺っていると言っても私たちには調べる術も、その内容についても門外漢で深くしることも、考えることもありませんでした。

しかし、折角今まで伝え残してきた者だから、これからはその価値を認識して、出来うる限りの修理や清掃をしていこうとも思っていました。

幸いなことに岩手県立博物館前主任専門学芸員の佐々木勝宏氏に調査をいただいて、神社に伝わる扁額や絵馬などについて紹介の冊子を発刊することになりました。

いくつかの驚くような発見もありました。今回の調査と冊子の発刊が、厨川稲荷神社への尊崇を深める一助になってくれることを祈念して序に変えたいと思います。

厨川稲荷神社の信仰

代表責任役員　工藤　由春

私どもが尊崇、護持している当社は、永承六年（一一五一）から康平五年（一〇六二）まで行われた前九年合戦の最後の攻防戦の際に、鎮守府将軍源頼義（ちんじゅふしょうぐん・みなもとのよりよし）と息子の八幡太郎義家（はちまんたろうよしいえ）軍が攻撃直前に、大館の荒屋にあった稲荷の祠（ほこら）に戦勝祈願して、安倍貞任（あべのさだとう）勢を打ち破りました。その祠を文治五年（一一八九）の奥州合戦の際に源頼朝旗下の工藤小次郎行光が故事を重んじて現在地に遷座したと伝えられます。江戸時代には盛岡藩主家の信仰と庇護を受けた由緒がありながら残念なことにその経過を伝える古文書類が現存しません。

そんな時、神社の説明板の殿様の代数が間違っているのではないかとの指摘を受けました。より正確な新看板を作ろうと岩手県立博物館に相談しました。藩主代数が一代ずれるのは南部信直の扱いの差でした。三戸南部家当主となった信直は、天正十八年（一五八〇）に豊臣政権から近世大名として認められました。彼を初代とすれば、利直が二代です。信直は慶長四年（一五九九）死去で、江戸幕府は始まっていません。江戸開府を幕藩体制の始まりと考えれば、当時の当主利直が初代となります。そこで先人は藩祖信直、初代利直、二代重直と数えたと説明され、納得しました。最近は初代信直、二代利直とする人が多くなったそうです。そこで当主を初代光行から数えれば、信直は二十六代、利直は二十七代となり、齟齬は生じないとのことでした。

その際に、折角だから沢山ある絵馬や扁額を調査してほしいと依頼したのが今回の冊子化に繋がりました。もりおか歴史文化館所蔵の『御領分社堂　二』には、厨川代官所管内の下厨川村に正一位稲荷大明神があり、二尺五寸四面の板葺きの建物で、本地（ほんぢ）仏は寂光弥陀尊（じゃっこうみだそん）であるとあります。二十九代重信夫人が病気平癒（へいゆ）を祈願して回復したので、延宝三年（一六七五）に、御堂、戸帳、鳥居などを、三十一代信恩（のぶおき）の治世の元禄十六年（一七〇三）に二石六斗八升が神撰田の寄進を受けました。宝永二年（一七〇五）に拝殿が完成。同年、藩命により下賜金を持参して上洛。神道を束ねていた吉田家から神位正一位を授かりました。二間半四方の御堂に三間四方の葛葺の鞘堂（さやどう）が三十二代利幹（としもと）の代に建立とあります。現在の拝殿は護国神社を氏子総動員で移築しました。信仰の証として大変貴重なものばかりですので、調査結果をまとめて冊子とし、大切に後世に伝えていきたいと思っています。

かけがえのない宝物

調査担当　佐々木　勝宏

盛岡市稲荷（いなり）町の町名のもととなった厨川稲荷神社は、十一世紀の鎮守府（ちんじゅふ）将軍源頼義、義家父子が安倍貞任（あべのさだとう）一族を滅亡させた前九年合戦ゆかりの稲荷の小社を工藤小次郎が現地へ移したと伝えられます。厨川柵、嫗戸（うばど）柵、諸葛（もろくず）川や勾当舘（こうとうだて）などの地名が近くにあります。安倍方の敗戦時に目が不自由ながら貞任の側に仕えた勾当が身を投じたと場所から名付けられたと伝えられます。ところが残念なことに、その後の歴史を探訪できる糸口となる古文書類は、藩政期に別当を代々務めた工藤家に伝存していません。氏子総代の皆様も詳しいことがわからず、もどかしい思いを持っていました。

＊　＊　＊

そこでまずは、拝殿（はいでん）の内外に掲げられていた扁額（へんがく）や絵馬、〈金銅（こんどう）稲荷さま〉と称されている鋳造神狐（ちゅうぞうしんこ）像や木造神狐像の各々一対、鰐口（わにぐち・参拝の際に打ち鳴らす）など現存する文化財の調査や、盛岡藩家老席日記『雑書』から当社関連記事を抽出してみることからはじめました。私が岩手県立博物館勤務の経験があるということで調査依頼を受けましたが、高等学校勤務となり、週末のみの調査となり、思うようには進みませんでした。神社の調査冊子の編集委員の皆さんのご協力で少しずつ進捗しはじめました。

＊　＊　＊

〈金銅稲荷さま〉は、元禄十二年に御釜師（おんかまし）四家の一人土橋嗣貞（つちはしつぐさだ）が鋳造して奉納したもので、頭上に宝珠（ほうじゅ）をつけ、凜として、神々しく、厳しく、シャープなお顔立ちです。鍍金されていたため、二度の盗難に遭ったと伝えられますが、その都度、神意によって厨川稲荷神社へ戻ってきました。二度目のお帰りについては鋳造神狐が鎮座する白木柾目台座に一対ともに同文で墨書してありました。言い伝えどおりだとすれば金色に輝いていたことになります。

＊　＊　＊

扁額には稲荷社、稲荷大明神、稲荷神社などと墨書あるいは刻まれ大小様々な特色ある数面が伝わっています。

その中には江戸中期に一世を風靡した三井親和（みついしんな）や松下烏石（まつしたうせき）の手になるものがありました。ともに細井広沢の高弟です。神社仏閣の祭礼の際に掲げられる幟（のぼり）や帯や浴衣地（ゆかたぢ）に親和染として、大流行したことが浮世絵のも描かれました。弓矢と馬術に長けた有名人で、各大名家や旗本家に招かれることが多く、書家や篆刻(てんこく)家としても人気がありました。

＊　＊　＊

松下烏石の手になる扁額は、大槌町吉里吉里の六代目前川善兵衛富長（ぜんべい・とみなが）の奉納額です。引首印（いんしゅいん・書画幅の右肩に捺す印）は「天覧」（てんらん）で、「艸莽間臣」（そうもうかんしん・出仕して特定の人物や家に仕えず、野に在りながら志のある天下に仕える家臣）、「辰」（たつ・烏石の本名）の三印が刻まれています。小額ながら細工、塗り、彫りともに大変丁寧で見事です。江戸で制作されて盛岡に運ばれ奉納されたのでしょう。東京在住の書家武田素虹氏によって親和と烏石の手であることが確認されました。

この二面を確認出来たことは今回の調査の大発見でした。江戸詰（えどづめ）の盛岡藩士たちが江戸在住の文化人と交流していた証（あかし）であります。東京にあったものは、関東大震災や東京大空襲によって焼失していますから、出身地の信州諏訪（しんしゅうすわ）には伝存が確認されていますが、（小松雅雄『江戸に旋風　三井親和の書』二〇〇四・信濃毎日新聞社）その三井親和の扁額が、遠く離れた盛岡に遺ったことも奇跡的なことです。

＊　＊　＊

前川善兵衛は漁業や海運業で財をなした大槌御給人(おおづちごきゅうにん)です。鋳金神狐像は盗難に遭って、転売され、最後は吉里吉里善兵衛によって厨川に戻ってきたと伝えられます。この善兵衛は六代目富長なのでしょうか。さらに大槌には厨川稲荷を分霊勧請（ぶんれい・かんじょう）した神社が現存します。日光東照宮修理費用など度重なる盛岡藩からの寄付要請や負担の肩代わりによって、家運が傾きはじめました。そこで商売繁盛、家運隆盛を願って厨川稲荷神社を勧請（かんじょう）したのではないかと考えられます。今後も継続調査が必要です。

＊　＊　＊

もう一つの分社が盛岡市内黒石野にあります。現在、黒沢家が守っていますが、ここは三十代行信側室で、信恩生母慈恩院（のぶおき・せいぼ・じおんいん）岩井氏とともに信恩側室で、利視生母浄智院（としみ・せいぼ・じょうちいん）黒沢氏の信仰からの発展だったと推測されます。浄智院は黒沢伝兵衛の娘康（やす）です。

この家は、幕府の旗本で、御馬買奉行を幾度も務めた杢助定幸の子傳兵衛定轉の子傳兵衛定治の娘にあたります。娘のお陰で五百石取りとなり、伝兵衛自身は藩主の御用人を務めています。藩主家の代参で厨川稲荷を訪れていることもわかりました。稲荷信仰は信恩生母慈恩院の影響からだったと考えられますが、その信仰のお陰で、伝兵衛は、藩主の義父となり、孫娘と孫利視（としみ）が生まれ、後に利視は三十三代当主となります。利視による厨川稲荷参拝に繋がっていきます。

黒石野は黒沢氏の知行地だったのではないでしょうか。土地神、氏神、屋敷神として浄智院ゆかりの厨川稲荷を勧請したと推測しています。前別当家も現別当家も黒沢氏です。残念ながら古文書も棟札（むねふだ）も遺っていませんが、今も黒沢一族や地域住民の方々が篤く信仰しています。

＊＊＊

江戸で讃岐高松藩に仕え、唐様や朝鮮系の書体を得意とした墨花堂こと佐々木文山に師事し、能書家として有名な猿橋野右衛門義連（さるはしやうえもんよしつら）、筆華堂文饒（ひっかどう・ぶんじょう）の書いた扁額があります。藩主の側に仕え、御物書や祐筆（ゆうひつ）と呼ばれた書記役でした。師の雅号を意識しています。

岩手県立図書館に文饒が書いた『浣花集』（かんかしゅう）が保管されています。唐の詩人杜甫が四川省成都の浣花渓に建てた草堂、浣花祠にちなむ命名です。様々な書体を紹介した手本帖で、流麗で見事な筆裁きです。掲げられた扁額には、『浣花集』に捺された筆華堂と文鐃と猿橋氏の三印が彫られています。

三十三代利視の寛保年間に相続して御祐筆兼後奥使（おんゆうひつけんうしろおくづかい）として藩主利敬（としたか）に仕えた同族の猿橋勇助義近は「読めて書ける人は勇助」と評され、信頼が篤かったと伝わります。義連の死後二年後の元文四年（一七三九）生まれだと高橋昌彦の『南部盛岡藩文芸人名録（稿）』にあります。

猿橋氏は、和賀氏に仕えていた太田氏の支族で、西和賀町沢内の猿橋が本貫地（ふるさと）です。

＊＊＊

盛岡市内の神社の扁額は、新渡戸仙岳（にとべせんがく）の手になるものを多く見かけますが、当社にはありませんでした。調査以前は、縋破風（すがるはふ）下の拝殿正面に掲げられていた扁額は、幕末から明治期まで活躍し、警察官や教員、県の役人も経験した、痛飲磊落（つういんらいらく）の書家の山口剛介（やまぐちごうすけ）の手になるものでした。若年の時は絵師、漢学者として名を馳せた山崎鯢山（やまざきげいざん）に学びました。書を教える際は学生に筆の下部を持たせて、自らは上部を持って筆運びを伝える顎髭の長い先生だったと伝えられます。胡粉（ごふん）仕上げに見えましたが、はずしてみますと、金箔仕上げで、剥落（はくらく）が進んでいましたので、これ以上の劣化を避けるために拝殿内部に移しました。

＊＊＊

絵馬では、二千石の筆頭家老格大櫻庭家（ひっとう かろうかく おお さくらば け）の分家で、石高千石で家老や番頭（ばんがしら）を代々務めた千石の小櫻庭家当主櫻庭十郎右衛門（こ さくらば け とうしゅ さくらば じゅうろうえもん）が奉納したものが二面伝わります。櫻庭十郎右衛門統安の「統」の文字は小櫻庭家の片諱（かたいみな）で、大櫻庭家の片諱は「綱」ですが、『参考諸家系図』によると本分家ともに養子や入婿もあります。残念ながら絵馬奉納者と同一名は確認出来ません。ただ櫻庭統起の後妻は黒沢傳左衛門定澄の娘で、櫻庭家と黒沢家との繋がりがあったことがわかります。櫻庭綱安は四戸孫四郎武教次男統康が享保十三年（一七二八）養子に入って、その後家督を相続しています。「統安」と「綱安」につながる特定ができません。

＊　＊　＊

「老松」（おいまつ）または「高砂」（たかさご）ではないかと思われる大絵馬には、朝日と大鳥居。鍬を肩に担いだ翁(おきな)と赤松と黒松が途中で一緒になって生えているようにも見える見事な大松が描かれています。単に同一種類の松かも知れませんが絵の具の剥落が進んでいてはっきりしません。翁の顔の表情の筆致は見事で、絵師の伎倆が優れていると感じます。

＊　＊　＊

もう一面は「靭猿」（うつぼざる）です。矢筒（やづつ）を猿皮で飾りたい大名が、猿皮を所望します。躊躇する猿廻しに、拒めば猿もお前も弓矢で殺すと脅されます。やむを得ず観念した猿廻しは猿の急所を打って猿を一思いに殺そうと杖を振りあげます。そうすれば猿皮に傷が付きません。その杖を見た猿は芸を始める合図だと勘違いをして、御幣（ごへい)を掲げて踊り始めます。最初は囃し立てていた大名も、その健気さに猿を殺して、その皮で靭（うつぼ）を飾ることを断念する話の一場面を描いています。大名のおどけた表情、猿を演じる着ぐるみを着た愛らしい子どもの脚裁き。猿を繋いだ綱と杖を持ってしゃがむ猿廻し(猿曳き）の三人が各々の目的のために、真摯に取り組む姿が臨場感たっぷりに描かれています。

＊　＊　＊

盛岡藩では、年始、節句、八朔（はっさく）、藩主誕生日、参勤交代の門出や帰国を祝って節目ごとに能と狂言(きょうげん）が演じられました。藩主家家族を楽しませるために演じるのは家老や番頭を務める石高が高い家柄の当主や嫡子でした。演じることも鑑賞することも身につけていたわけです。年代も諱（いみな）も違いますが、この二面の絵馬を櫻庭家が奉納するにふさわしいものです。下厨川村は小櫻庭家の知行地の一つではなかったかと考えられます。

＊　＊　＊

隅田（すみだ）川の花見かと思われる破風（はふ）飾りのある豪華な屋形船を屋根や艫（とも）や舳（へさき）に数人の船頭や水主（かこ）が協力して船を操っています。船の窓は開いていて、様々な表情の人物の顔が描かれているようです。絵の具の剥落が進んでいてはっきりとはわかりません。

絵師は大川守之進（おおかわもりのしん）とあり、三十六代利敬（としたか）から江戸での絵画修行を命じられ、ともに各通（かくとおり）の代官などを歴任しながら、画家としても名声の高かった田鎖鶴立斎（たくさりかくりゅうさい）と本堂蘭室（ほんどうらんしつ）兄弟の親戚にあたります。『参考諸家系図』では守之進義治は、本堂源左衛門親以四男で、父の大川勘兵衛義真も五十石本堂源右衛門親由からの婿養子です。二駄二人扶持の少ない禄の家に二代続けて養子相続しています。兄弟の父と守之進の父は従兄弟同士になります。本堂家で育ったからこそ作画を依頼されたのでしょう。屋根上の人物の動きや表情は手に取るようにわかり、絵師の力量が伝わる大作です。画面左上には和歌か連歌でしょうか、文字が微かに見えます。大きな船の前にも二艘の船に立ち姿の人物が薄く見えます。水先案内人でしょうか。

＊　＊　＊

「猩々」（しょうじょう）の絵は、滝壺のそばで、どんなに汲んで飲んでも壺の中の酒は減らないという酒壺を囲む赤い髪をした五猩々が歌ったり、踊ったり、壺や手を叩いて拍子をとったり、宴、闌（たけなわ）の様子が表情豊かに描かれています。藩御抱え絵師で、二代目狩野林泉（かのうりんせん）こと石川主春（いしかわもりはる）の作です。

＊　＊　＊

当社は幸い、盛岡城下近郊位置して雫石街道に接していたことから各年代の盛岡城下図をはじめ、川井鶴亭（かわいかくてい）の盛岡城下図にも数基の鳥居の奥に社殿が描かれています。江戸後期には数基の鳥居と勾当桜と妙見社が描かれます。妙見社は現存しませんが、北斗七星が菩薩化したもので千葉氏や日蓮宗で尊崇されました。鰐口は妙見堂のもので地元有志が寄進したことが鰐口にある線刻銘によってわかります。

＊　＊　＊

街道沿いだったことで現在でも馬頭観音碑や牛馬供養碑が境内内（けいだいない）に並び、扁額にも馬車組合など運送業関連のものが数面あります。幕末維新期には、物資運搬のために人馬を提供する者、私財を藩に献上する者も『覚書』（おぼえがき）に見えます。今もヤマト運輸がすぐそばにあるように、物流の大動脈でした。馬や人足や船ではなく、専らトラック輸送になりましたが、雫石街道と雫石川の舟運（しゅううん）によって盛岡城下西の出入口として物流の要地だったことにかわりはありません。今は本殿の後ろは秋田新幹線が通過しています。

＊　＊　＊

盛岡藩家老席日記『雑書』（ざっしょ）によれば二十九代重信や三十代行信は盛んに厨川（栗谷川）で水鳥の狩猟を行っています。鉄砲での狩りだったようで、「錆」（さび・鉄砲をさす隠語）の文字がよく見えます。中央では、五代将軍綱吉の「生類憐みの令」が厳しかった時期のことです。御側御用人の南部直政（八戸藩主）は、江戸藩邸で飼っていた犬を八戸へ移動させ、藩邸への獣はもちろん、魚介類の持ち込みまで規制していた時期です。盛岡藩主行信と二代八戸藩主直政は従兄弟同士でもあり、直政の正室志久は、行信の娘でしたので親子でもあります。前潟（まえがた）という地名が神社西方にありますが、諸葛川や雫石川の氾濫域で湿原が多く、そのため水鳥が多かったようです。その狩猟への行き帰りに参拝に立ち寄った可能性もありますが、直接的な記載はありまあせん。

＊　＊　＊

『雑書』から厨川（栗谷川とも記載）稲荷についての関連記事を抽出して別に表にしてみました。

　三十一代信恩（のぶおき）の生母慈恩院（じおんいん・俗名蓮）こと御袋様（おふくろさま）が篤く信仰して、社領や社殿を寄進しています。実父がキリシタンであることが発覚して、小高の刑場で打ち首になりました。その首を圓光寺の門外から投げ込んで住職に供養を依頼した娘です。この事件がきっかけで行信の側室になったと伝わる人物です。浄土宗紫雲山圓光寺は米内光政の菩提寺としても有名です。

　信恩の側室の浄智院(じょうちいん)は黒沢氏の出身です。黒澤氏は旗本で、何度も御馬買奉行を務めた黒沢定幸からの推薦で盛岡藩士に採用してもらったことに始まります。娘のおかげで、藩主の側近でした。前にも書きましたように、黒沢氏の知行地と考えられる黒石野と、前川善兵衛の地元大槌に厨川稲荷神社からそれぞれ勧請（かんじょう）され、その地に祠（ほこら）が建てられ、今でも尊崇されています。今後、東日本大震災から救出された前川家文書から勧請の経緯などがわかるかも知れません。六代富長のころは、盛岡藩の海運や日光東照宮の修理による負債から凋落（ちょうらく）しはじめますが、だからこそ商売繁盛のお稲荷様への信仰が深まり、分社して信仰したのではないかとも考えられます。

＊　＊　＊

　藩政時代を通して庶民に尊崇されている神社は、第一に盛岡八幡宮でしょうが、この他に特別に藩から警備担当の足軽（同心）の派遣があったのは、北の浅岸、虚空蔵薬師（現在くるみ橋幼稚園隣の薬師神社）と南の紫波高水寺の走湯（そうとう）神社の観音様、盛岡城城内の西側張り出しの菜園寄りの井戸があるところに鎮座していて、祭礼の時だけ、城下下小路（じょうかしたこうじ）の御仮屋（おかりや）に移される榊山稲荷神社（さかきやまいなりじんじゃ）と西の厨川稲荷神社の四社だけでした。賑やかだったこともあるでしょうが、特別な計らいだとも言えます。

　藩政期の厨川稲荷の祭礼は九月九日、十九日、二十九日と三日間行われています。現在も続く、神楽（かぐら）や相撲（すもう）の見学料にあたる筵銭（むしろぜに）を社殿の修理にあてていたことなどがわかりました。湯立て神事（ゆたてしんじ）を加えて九のつく日の三日間行われる賑やかな祭礼だったことがわかりました。現在の例大祭はそれを踏襲して九月九日に行っています。神事と神楽と相撲と、この一日にすべてを行っています。

扁額の奉納は例大祭日のものがおおいです。現在も続く、大宮神楽の奉納と神前相撲も伝統を引き継がれていて、土俵と神楽殿も健在です。代表責任役員は、神楽と相撲の奉納は今後もずっと残したいし、伝えて行かなければならないと語気を強めて話しています。

例大祭の収入だけでは拝殿や本殿の修理費や再建費を捻出できずに、勧化（布教と寄付集め）や、富籤（とみくじ）も行われたことが『雑書』から知ることが出来ます。

お稲荷さまへの信仰と、別当家の工夫と苦労のあとを辿ることができました。信仰が扁額や絵馬の奉納を続けさせ、現在に伝えてくれています。今、扁額や絵馬を奉納することは大変です。ただ平成のものがないのも少し寂しい気がしました。

一面一面が信仰の証であり、かけがえのない宝物であることを皆様に紹介できましたこと、お稲荷さまとお稲荷さまへの皆さんの信仰のお陰だと思って感謝いたします。

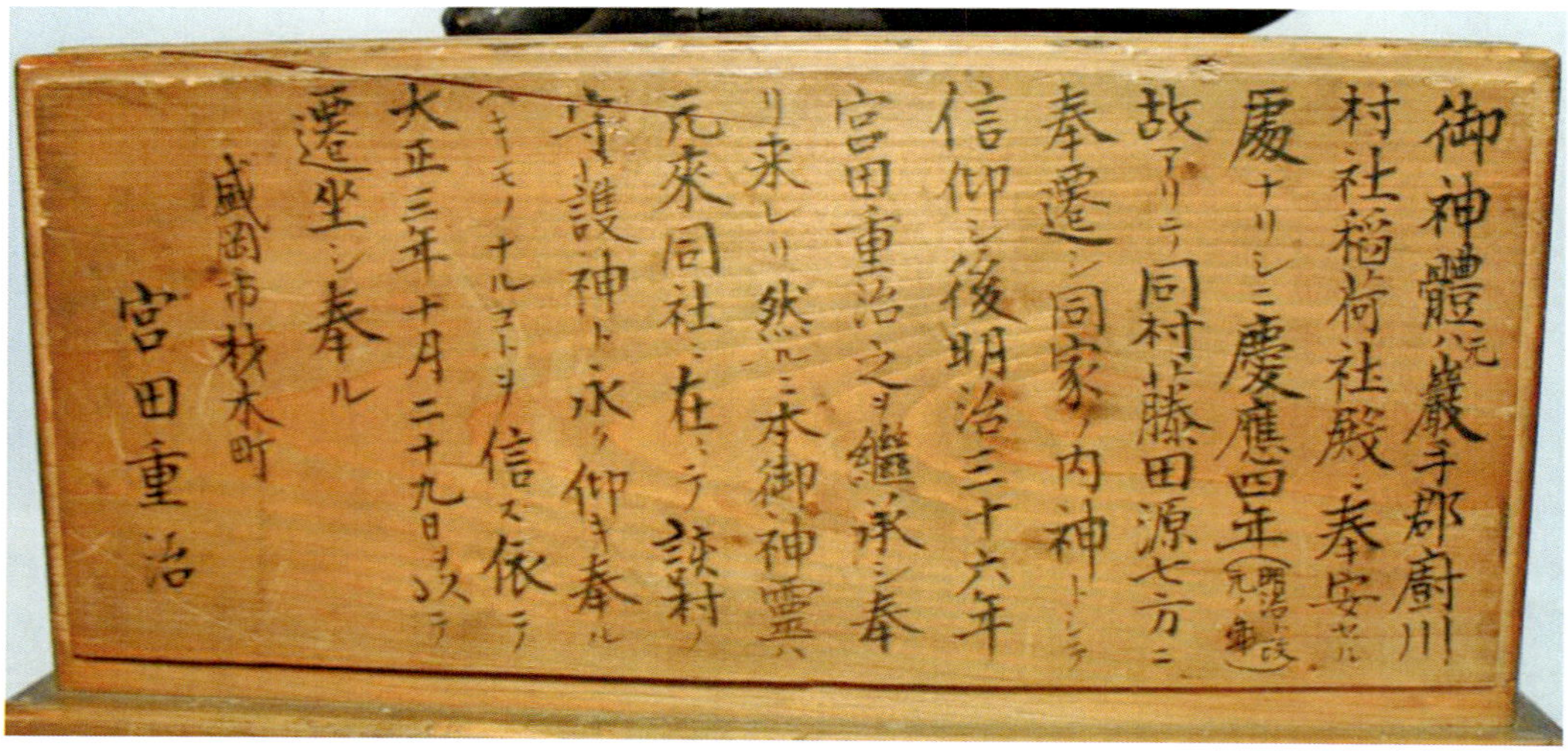

鋳造神狐像の白木台座墨書

大川守之進画　船遊びの図　絵馬

大川守之進画　文化二年奉納大船絵馬

先頭の小舟二艘には立ち姿の人物が微かに見えます。水先案内人でしょうか。左端には文字が微かに見えます。和歌や連歌が書き込まれているようです。中央から右手にかけては唐破風付の大屋根のついた立派な船です。入口には看板が見えます。文字は残念ながら読めません。舳先に一人、屋根のうえに立つ人物と、屋根に腹ばいになっている人物が見え、操り竿あるいは櫂を持っていますから、船頭たちでしょう。屋根で腹ばいの人物は、屋根にへばりついて竿を操っている表情がユーモラスに描かれています。船中には幾つかの窓があり、それぞれから、顔を出す人々が描かれているように見えます。隅田川で岸辺の花見をしている様子を描いたのでしょうか。大作ですが絵の具の剥落が進んでいて見えにくいのが残念です。裏面には、文化二年（一八〇五）年乙丑五月十一吉辰に連中拾四人とありますが、十四の名前はありません。絵師は、大川守之進。岩泉の大川一族です。彼と彼の父は二代続いて本堂家からの養子で、田鎖鶴立斎（矢柄・やがら）と弓馬之餘業（きゅうばのよぎょう）の印を用いた本堂蘭室（左登見・さとみ）兄弟の父と彼の父は従兄弟同士ですから親交があったのでしょう。塗師が甚兵衛、大工酉松とあります。680 ㎜×1530 ㎜（画面 545 ㎜×1390 ㎜）

櫻庭十郎右衛門統安奉納絵馬

文政十二年（一八二九）九月廿九日に櫻庭十郎右衛門統安が奉納した絵馬です。『南部藩参考諸家系図』によれば、千石の小櫻庭家の人物に違いありませんが全く同じ漢字を用いる人物は見えません。「統安」と「統康」は同一人物なのでしょうか。

絵師は、森嵩斎（もりこうさい）です。盛岡南部家お抱え絵師の森家の出身でしょう。二戸市浄法寺町の八葉山天台寺所蔵の正徳六年（一七一六）に奉納された『漆絵立花図』を描いた森是郷（休印・これさと・きゅういん）は森家を代表する絵師です。森義道の長男元吉、次男岸信、三男是郷、四男初代林泉と絵師一家です。年代的には是郷の子保斎と同一人物なのでしょうか。日の出（あるいは夕陽カ）、大松、大きな朱鳥居、芝垣に柄先に払子状のものがついた鍬を担ぐ翁が描かれています。顔の表情が細かく、見事な筆裁きです。猿楽能の「高砂」、「住吉」、「老松」などの一場面なのかも知れません。大きな松は黒松と赤松は「相生の松」（あいおいのまつ）なのかも知れません。幹は赤松や黒松にも見えますが、葉は同じように見えます。

この家柄は本家大櫻庭の通称名は兵助、小櫻庭家は十郎右衛門を代々名乗ってきました。大櫻庭の片諱（かたいみな）は「綱」、小櫻庭家の片諱は「統」です。藩主の参勤交代の首途（かどで・出発）を祝う儀式を執行する名家でした。915 ㎜×1400 ㎜（画面 730 ㎜×1210 ㎜）

櫻庭綱安奉納　靭猿絵馬

絵馬　靭猿図

左に烏帽子に直垂姿の白い矢入れの靭（うつぼ）を持って囃し立てる大名。中央に猿の着ぐるみを着た子どもは御幣（ごへい）を持って足踏みをしています。手綱と鞭を持つ猿廻し（猿曳き）が片膝をついています。狂言の「靭猿」（うつぼざる）の一場面を描いています。大名は、猿の毛並みの見事さに見とれ、猿を殺して、その皮で靭を飾ろうと考えます。そこで猿回しに猿を殺してその皮を差し出せと命じ、拒否すれば猿ともども猿回しも殺すと脅します。猿回しは猿の急所を打って殺すしかないと観念し、杖を振り上げます。猿は芸をせよとの合図だと思って、面白おかしく踊り始めます。その踊りがとても見事だったので、大名が感心して殺されずに済んだという話です。狂言の家では、登竜門とも言うべき演目で、身体が小さい子どもの時しかできません。盛岡城では猿楽能が演じられることが多く、家老や番頭（ばんがしら）たちは教養として演目を稽古して、藩主家の人々に披露しました。画面左下に櫻庭綱安と墨書があります。裏には安政六年（一八五九）四月廿八日の日付と「うたた寝の　耳に残るや　郭公（ほととぎず）　菊切り〇露　月夜〇〇けり　花芽」（茅・第）とあります。」430 ㎜×630 ㎜（画面 335 ㎜×518 ㎜）の小額ですが臨場感溢れる絵馬です。

二代狩野林泉（石川主春）画　猩々図　絵馬

二代狩野林泉（石川主春）画　絵馬　猩々図

トレードマークの赤毛の猩々五人が酒盛りを楽しんでいます。猩々（しょうじょう）は酒に強く、どんなに大酒を呑んでも酔わないはずですが、陶然として愉快な様子が画面から溢れ出てきます。五人とも上衣は青色、同じ模様の袴を履いています。表面の畫という墨書の上に文字はありません。当初から書かなかったようです。

印は、「主春」（もりはる）と「林泉」（りんせん）とあり、二代目狩野林泉こと石川主春（もりはる）の作とわかります。

寛政八年（一七九六）誕生し、明治九年（一八七六）に死去しています。初代林泉 石川主幸（主親）、林流主景、林泉主春と二代続けて絵の弟子から養子となっています。もりおか歴史文化館に『曲水宴図』屏風があります。勢いよく落ちる滝川の前で、幾ら酌んで飲んでも、次から次へと酒が湧いて出てくる酒壺を囲んで、皆福々しく、ふくよかな顔立ちです。右から順に手拍子をとり、二人目は右手を地面について、酔いが回って左手をあげて酔った風情です。三人目は酒壺に足をかけ、長柄杓と大盃を持って、踊って歌っているのでしょう。四人目は撥で酒壺を叩いて拍子をとっています。五人目は長柄杓と赤地に松の扇を持っておどけて踊っています。540 ㎜×910 ㎜

鋳造神狐像

鋳造神狐像（金銅稲荷）

氏子総代さんたちが金銅稲荷と呼ぶ神狐像です。制作当初は鍍金されていたということでしょうか。向かって右側が口を開き、左側は口を閉めています。いわゆる阿吽（あうん）の一対となっています。正面からは見えない尻尾の外側に「奉寄進稲荷大明神施主土橋勘兵衛嗣貞」、（いなりだいみょうじんを きしんたてまつる せしゅ つちはし かんべい つぐさだ）向かい合った状態では裏側になる見えない方に「元禄十二乙卯歳九月九日」（げんろくじゅうにほしは きのとう にやどる としの ながつき ここのか）線刻されています。全体的にシャープな印象です。顎髭（あごひげ）や足元には毛並みが線刻されています。一六九九年に土橋嗣貞が制作して寄進したことがわかります。土橋家は鈴木、小泉、藤田と並ぶ盛岡南部家御抱釜師（おかかえかまし）四家の一つです。知行地に紫波郡土橋村を賜ったことにちなみ苗字にしました。蟠龍寺（ばんりゅうじ）の北側になります。

太田孝太郎の『岩手県鋳工年表』（一九二七）には、岩手郡厨川村に稲荷神社前立銘「土橋勘兵衛嗣貞　髙九寸二分　一対アリ同文」とあり、外に索引に土橋姓の鋳工が八名掲載されています。大船渡市の長安寺の鰐口は、土橋嗣貞の元禄十五年（一七〇二）の作です。少なくとも元禄十二年には、厨川稲荷神社が存在していた証であり、嗣貞の基準作として鋳造制作された神狐像として大変貴重です。

　神狐像の台座は木材の芯部分をわざわざ選んで白木素地で作られ、墨書があります。大正三年（一九一四）に夢告によって本座に戻ったとあります。伝承では二度盗難に遭い、盗人から転売された神狐像は前川善兵衛の手に渡り、善兵衛が神意によって戻したと伝えられます。再度盗まれても尊崇され続け、夢に現れた神のお告げに従って再び当社に戻したのが大正の頃だったと言うことになります。墨書では大正三年（一九一四）十月二十九日に遷座が完了したとあります。盛岡市材木町の宮田重治が左右台座に堂文を記しています。

尻尾の銘文　右　元禄十二年　左　土橋嗣貞

鋳造神狐像　右　阿形像顔部分　左　吽形像顔部分

『御領分社堂』にみえる藩主家の信仰

二十九代南部重信の時に社殿を新築したと神社前石鳥居西隣の看板に記されています。この根拠になるのが領内の祠の由来や現状についてまとめた『御領分社堂』二（ごりょうぶんしゃどう）に次のように記されています。

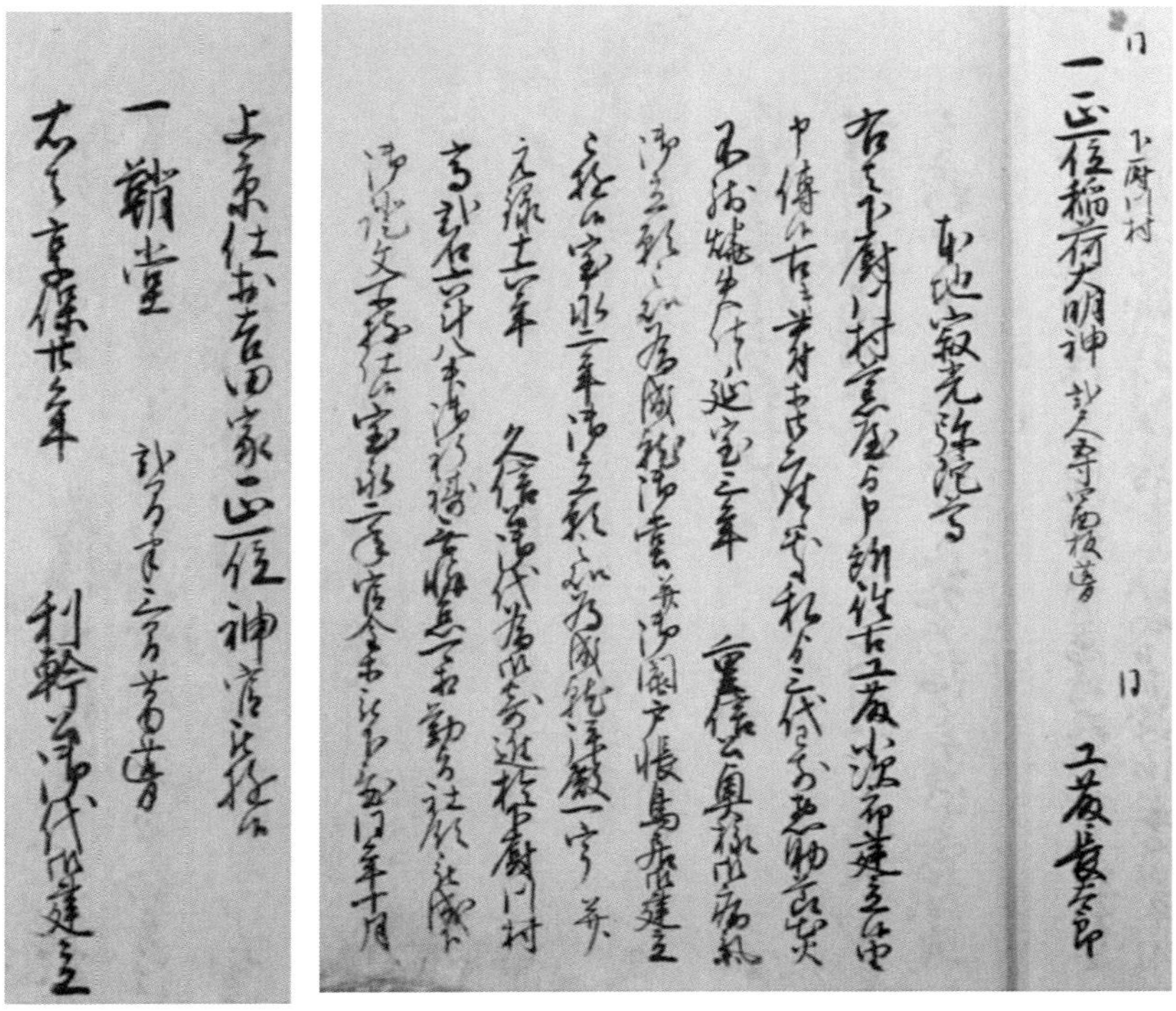

『御領分社堂』厨川稲荷神社の部分

厨川代官所の管内の下厨川村に正一位稲荷大明神は、弐尺五寸（82㎝）四方の板葺の建物で別当は工藤長太郎。

本地仏は寂光弥陀尊で、下厨川の荒屋いうところにその昔、工藤小次郎が建てたと古文書にありましたが、私より三代以前の惣助の時に出火して全焼してしまいました。

延宝三年（一六七五）に重信公の奥様がご病気の際に、立願されて成就したお礼に御堂、御龗、戸帳、鳥居を建立してくださった。宝永二年（一七〇五）に拝殿ができ、元禄十六年（一七〇三）信恩公の時に二石六斗八升の祈祷料を寄進があり、懈怠（けたい）なく務めるようにと証文も頂戴しています。

宝永二年には藩から御下賜金を頂戴して京都まで行き、神道を束ねる卜部家（吉田家）から正一位の神位を授かりました。弐間半の御堂を三間四方の葛葺きの鞘堂（さやどう・御堂を守る屋根付き建物）は、利幹公の享保廿年（一七三五）の建立されました。

藩主家と厨川稲荷の関係が急接近するのは三十一代信恩（のぶおき）の時からです。二十九代重信と三十代行信は親子で元禄十五年（一七〇二）に死去します。六月に重信が、後を追うように十一月に行信が相次いで病死しています。後継者と期待されていた実信（さねのぶ）は、祖父重信の計らいで、世嗣として、当主になる以前に叙位任官を済ませていました。従五位下隼人正（じゅごいのげ・はやとのかみ）です。隼人正は祖父重信が当主となる以前、重臣七戸家を嗣いで家老七戸重政だった時の名乗り名で思いいれのある官職名でした。元禄十三年（一七〇〇）二月廿九日に父や祖父に先立って天然痘で死去しています。

急遽、世嗣となったのが実信の弟信恩です。従五位下（じゅごいのげ）備後守（びんごのかみ）として三十一代当主となります。

その信恩の生母慈恩院（じおんいん）が厨川稲荷への信仰が特に篤かった様子が盛岡藩家老席日記『雑書』に記されています。

現在の拝殿

木造白神狐像　左　吽形像（稲穂）右　阿形像（鈴）

木造白狐像一対

木造白狐像

全体は白色の神狐ですが、目や口は朱や金で彩色されています。台座は木製黒漆仕上げで縁は朱漆です。表側に二つ巴が一つ金箔で描かれています。台座裏は空洞で文化十五年（一八一八）弐月廿一日に大工の赤澤清助高桃（高秘カ）が制作奉納した墨書があります。その隣には別筆で薄く「亀屋　勘〇（助カ）　あける」と三行、微かに見えます。昭和四年（一九二九）八月吉日、長町の小畑春治が塗り替えたとの墨書があります。マジックでLとRと左右を示しています。290㎜×585㎜×275㎜の大きさです。平成九年（一九九七）十二月吉日に小林正造が修理したと赤マジックで記しています。Rには墨書を上から塗りつぶした箇所もあります。耳や尻尾の付け根などは、塗りの浮きや修理跡、罅（ひび）割れも見えますが、内刳りのない重みのある像です。阿形像は胸に鈴がついています。吽形像は口元に穴があり、稲穂を咥（くわ）えています。

お狐さまに稲穂を供える。咥えてもらうなどの儀式は旧暦の八朔に行われ、青々として実の入ったばかりの稲穂です。祭礼の九月九日には熟して黄金色になったことでしょう。お稲荷さんは食べ物の神様ですから、五穀豊穣を感謝して予祝の意味合いで、「田の稔」（たのみ）、「頼み」にしていた証（あかし）でもあります。

猿橋野右衛門義連の『稲荷』扁額

表に引首印「筆華堂」（ひっかどう）中央に稲荷、左下に筆華堂文鐃書　小角印は「猿橋氏」、大角印は「文鐃」（ぶんじょう）とあります。藩主に近侍した書記係、祐筆（ゆうひつ）として活躍した筆華堂文鐃こと猿橋野右衛門義連（さるはしやうえもんよしつら）が筆を執った扁額です。書に優れ、藩命によって孟魯軒の筆法を学んだと『盛岡市史・人物誌』に載る人物です。元文二年（一七三七）に死去しています。

彼の死の二年後、同族の猿橋勇助（さるはしゆうすけ）が誕生します。江戸の佐々木文山に入門しました。「読めて　書けて　人は勇助　」と三十六代利敬（としたか）に褒められた人物です。もとは和賀氏に臣従していた太田氏の支族で、西和賀町沢内の猿橋の出です。学問に造詣が深く、書画にも才があったということでしょう。祐筆として活躍する様子が『雑書』に見えます。裏面に享保十五年（一七三〇）三月九日に森岡久慈町（現在の材木町）の村上彦左衛門吉住と村上次郎兵衛易将（かねまさ・やすまさカ）が奉納とあります。久慈町の商家ながら、度々の献金で百石座となった七十石の村上民弥家が『参考諸家系図』にあります。この家に、関連するのかも知れません。680 ㎜×1210 ㎜

岩手県立図書館に猿橋義連・筆華堂文饒の『浣花集』（かんかしゅう）が遺っています。

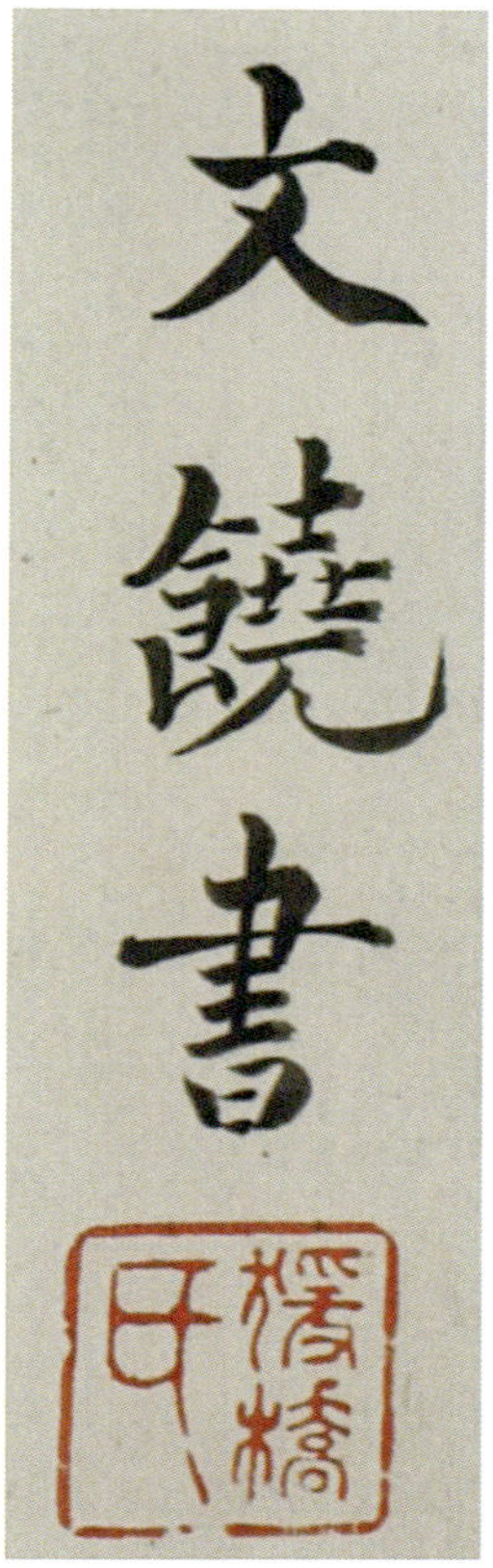

『浣花集』の印影と扁額の引首印

左　文饒の署名と猿橋氏印影　猿の字が若干違います

下　『浣花集』の印影二つと扁額のもの

上　扁額全体
中　扁額の文字部分
下　「親和之印」と「君子以為古」
　　引首印「大雅」

三井親和の『稲荷社』の扁額

表は引首印「大雅」。中央に稲荷社　深川　三井親和篆。小角印は「親和之印」に続き、大丸印は「君子以為古」。"君子は以て古となす"と読むのでしょうか。裏には、安永三年（一七七四）九月吉辰（きっしん・良き日）敬白とあり、古澤康伯と古澤康命の奉納です。「かけがえのない宝物」にも書きましたが三井親和は、当時を代表する篆刻家兼書家でした。諏訪藩主諏訪忠晴の弟で旗本諏訪盛條（すわもりえだ）の家臣三井之親（ゆきちか）の子で、最初に禅僧東湖に書を、細井広沢（ほそいこうたく）に書と篆刻（てんこく）を学びました。関思恭（せきしきょう）、松下烏石（まつしたうせき）と平林惇信（ひらばやしじゅんしん）と並び称される細井門下の四天王でした。

寺社の扁額や祭礼の掲げた幟（のぼり）、商家の暖簾などを書き、浴衣や帯にまで親和の書が、もてはやされました。高崎藩主で老中の松平輝高の知遇を得て深川に宅地付住居を賜って、多くの門人を育てました。馬術や弓術にも長けた人物でした。居住地の深川を冠して署名しています。晩年の子が三井親孝龍洲です。林家八代大学頭林述斎も門弟です。森銑三著作集　第四巻人物篇「三井親和」に詳しいです。

古澤は理三郎、長作、清左衛門と名乗り、御駕籠頭、沢内代官、勘定頭、後御側奥使などを歴任しました。三十三代利視（としみ）や三十四代利雄（としかつ）に仕えた能吏でした。606 ㎜×1110 ㎜

松下烏石の三印

辰

艸莽間臣

天覧

文化三年前川富長奉納　松下烏石の『稲荷社』の扁額

表は引首印「天覧」（てんらん）中央に稲荷社。右下には、「艸莽間臣」（そうもうかんしん）と「辰」（たつ）と二印あります。黒漆金箔仕上げで周り飾りも厚く、作りや塗りも丁寧な仕上がりで品格ある扁額です。478 ㎜×904 ㎜

近世日本書道史研究家の岩坪充雄先生の講義中に書家武田素虹氏が印影に気づき、御教示いただき、烏石の手になるものとわかりました。幕臣の松下常親の次男として元禄十一年（一六九八）に生まれ、書を墨花堂佐々木文山（ぶんざん）や細井広沢（こうたく）に詩文は服部南郭（はっとりなんがく）に学びました。三井親和と同門の唐風書家です。大田区大森の磐井神社に烏模様のある天然石を奉納したことにちなむ号です。本姓の葛山と名の辰から烏石葛辰、晩年は西本願寺の賓客となりました。

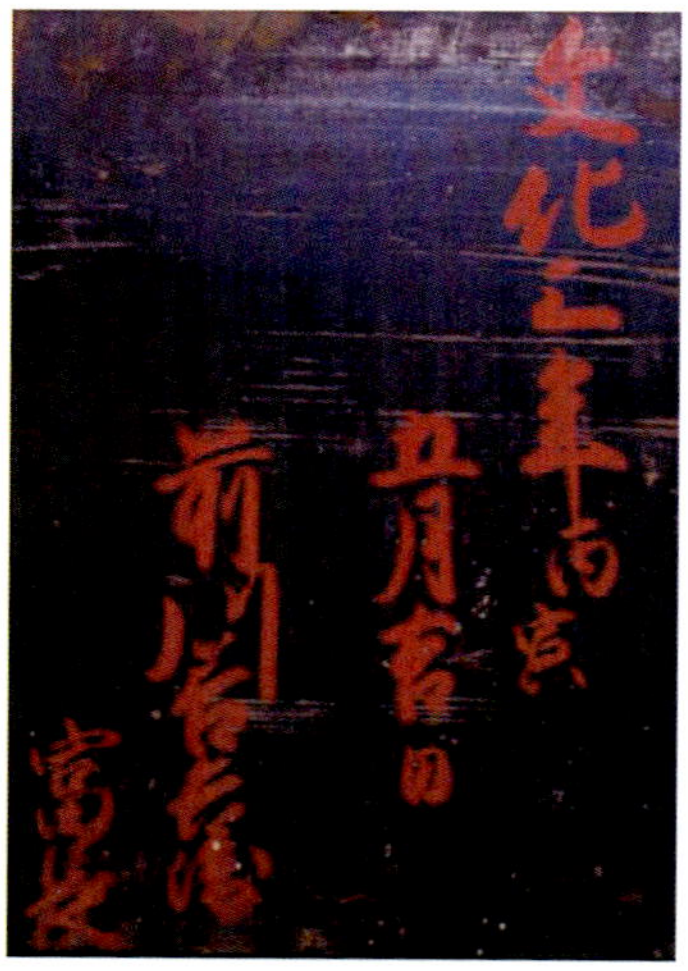

裏面　朱漆

文化三年丙寅五月吉日

前川善兵衛富長

山口剛介の扁額　『稲荷神社』

山口剛介の『稲荷神社』扁額

山口剛介は、安政四年（一八五七）に盛岡藩士の山口秀木の長男として生まれました。父は俳人として蟠竜軒（ばんりゅうけん）と号しました。藩校で伊藤長有や山崎鯢山（げいざん）に学びました。

書家としては、新渡戸仙岳（にとべせんがく）とともに本県の双璧と呼ばれました。警察御用係、沼宮内準訓導、岩手尋常中学校雇、岩手師範学校教師嘱託などを勤めました。酒を大いに好み、酔いはじめると求めに応じて揮毫（きごう）する人物でした。写真を見ると口髭や顎鬚をたくわえ、風貌も飄々として見えます。書は手本を書いて与えることをせず、生徒や学生に筆を持たせて、ともに筆を動かす運筆で教えたと伝わっています。665 ㎜×1250 ㎜

『盛岡市史・人物誌』によれば、書に巧みで詩を能くし、俳諧を嗜み、酒を好み、乞われれば酒を得て筆を揮ったとあります。刀岡、梧宇、五雨と号し、昭和九年（一九三四）四月に八十歳で没し、墓は源勝寺にあるとあります。

大変特徴のある文字です。胡粉を塗って、そのうえに金箔を押していたことがわかりました。現在、ところどころに微かに残る金が見えます。全体としての印象はまるで胡粉仕上げのように文字が白く見えます。引首印はありません。落款は口剛介のあとに角印がありますが残念ながら読めません。

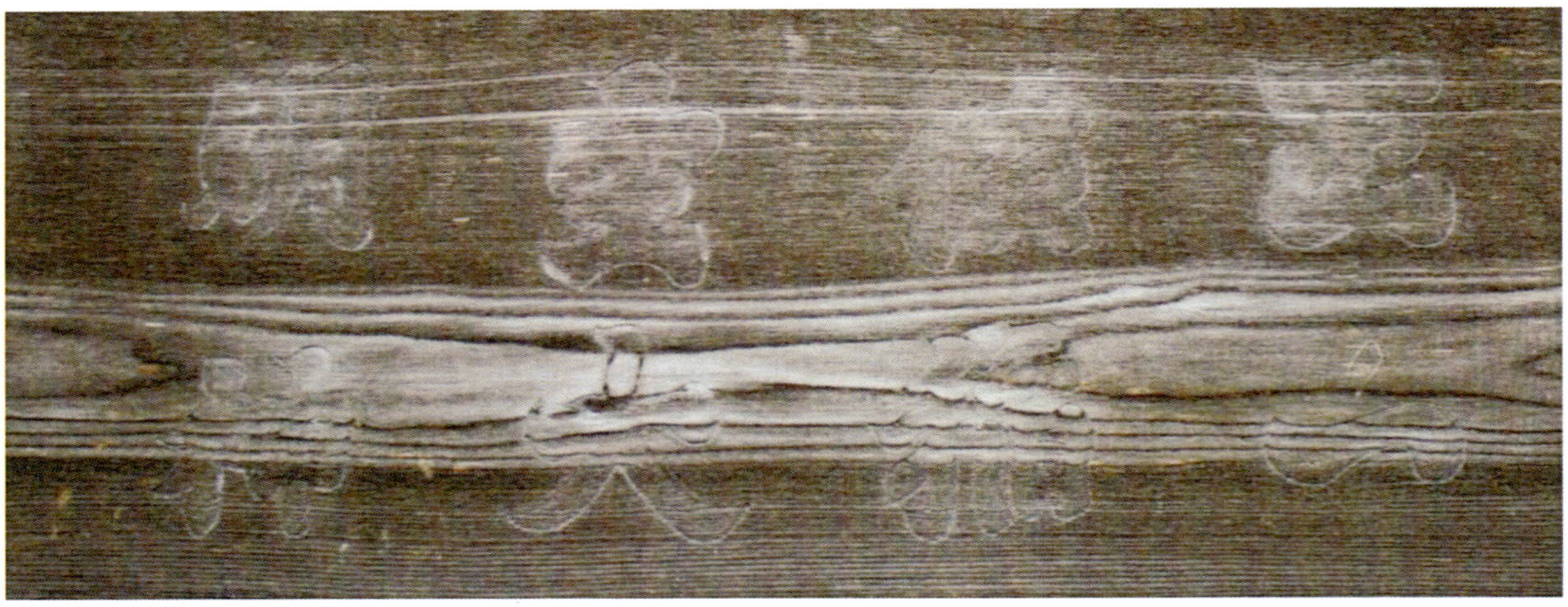

正一　位稲　生大　明神　の縦二文字四行の扁額

『正一位稲生大明神』の扁額

表は、「正一　位稲　生大　明神」と二文字ずつ刻まれています。稲荷ではなく稲生とあるのはこの一面だけです。これも「いなり」と読むのでしょう。

裏には、

文永年間世尊寺正　二位経明卿行書令
鼇在集古十種中盥　慕跋掲本祠〇文化
紀元歳次甲子〇陽　月十九日

（源高昌義房　花押カ）

※八文字ずつのはずが、「盥」の下に「手」とあるように見える。

文永年間に世尊寺流を伝えていた正二位中御門経明卿（なかみかどつねあききょう）が手を盥で清めて書したものが幸いにも松平定信が編纂を命じた『集古十種』に残っておりましたので、その故事を敬い倣って、この祠に扁額を掲げ奉納いたします。文化元年（一八〇四）九月十九日、奉納者署名なのではないだろうか。残念なことに肉眼では何か文字らしいとわかる程度で、赤外線カメラに扁額の角度を変えながら読んで、今は暫定的読んでみた結果です。印は見当たりませんでした。350 ㎜×880 ㎜

正一位　稲荷大明神の扁額

正一位稲荷大明神　自然木扁額

自然木をそのまま利用した洒落た額になっています。表には、縦書きに「正一位」横書きで「稲荷大明神」とあります。光連と四角に囲んで「股氏」と縦に並びます。大明神の文字の彫り込みには朱が残っています。

裏は、文化五年（一八〇八）九月吉日に久慈町の齋藤善蔵が奉納した朱漆で記されています。文化五年の干支（えと）は実際には戊辰（つちのえたつ）ですが、丙辰（ひのえたつ）と見えます。直近ですと寛政八年（一七九六）が丙辰ですが。辰年には違いないのですが、単なるうっかりミスなのでしょうか。　365 ㎜×590 ㎜

久慈町は現在の材木町にあたりますから、齋藤善蔵は苗字帯刀を許された商人でしょうか。干支の間違いも不思議です。猪股の股でしょうか、光連（みつつら）も誰なのか確定ができません。

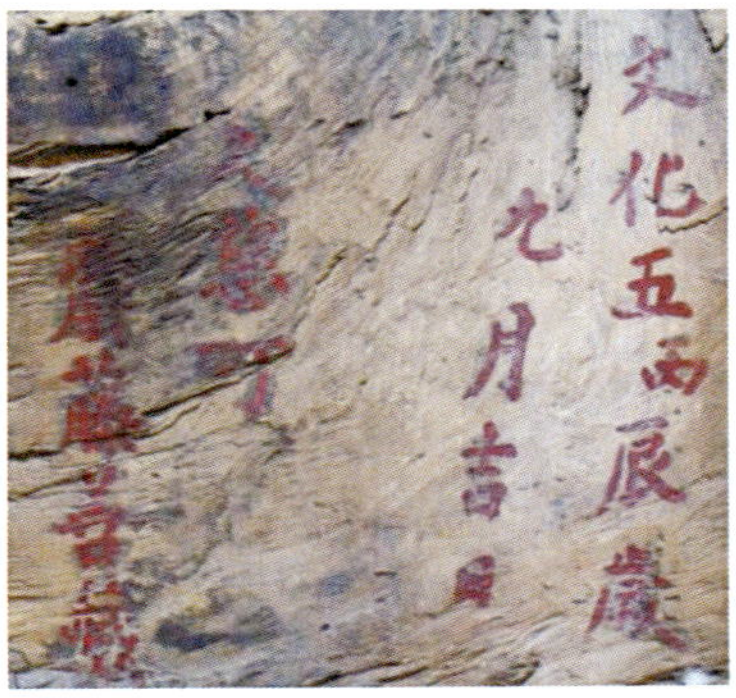

干支が丙辰

光連　股氏

文政七年　稲荷社　扁額

文政七年奉納『稲荷社』扁額

表には全面に溢れんばかりの筆致で「稲荷社」と太い文字で書かれているのですが、墨が薄くなっていてようやく読める程度です。落款があるのかないのか見えません。725 ㎜×985 ㎜の大きな額です。

裏面には、厨川正一位　五穀就成

稲荷大明神　諸願満足

文政七甲申歳

九月吉日

とあります。文政七年は西暦一八二四年にあたります。正一位厨川稲荷大明神ではなく、「厨川正一位　稲荷大明神」の」語順ですし、成就ではなく就成もこの一面だけです。

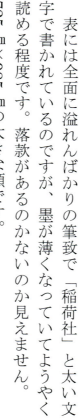

弘化四年奉納　正一位　扁額

弘化四年奉納『正一位』扁額

表には、「正一位」とだけあり、周り飾りは朱色で、縁取りは金箔です。地に彩色があったかどうかわかりませんが、文字には胡粉跡が見えます。裏面に弘化四年（一八四七）四月八日の奉納です。丁寧に文字が刻まれています。田野畑村切牛の弥五兵衛が指導した弘化の三閉伊一揆が起こる年です。筆運びには気迫が漲っています。

謹齋沐捧額幟拝言　正一位厨川稲荷大　明神廣前神之為霊
昭々也天下皆知其　為祥也是人所能使　為霊也若神之霊亂
非人之所能使為霊　也然神弗得人無以　神其霊矣大明宣昭
崇祀式孚嗚呼休哉

佐藤和平美清　本多荘七兵悦　中邑門兵衛貞直　相田茂八郎景光　敬白

「沐浴潔斎して、扁額と幟（のぼり）を奉納します。厨川稲荷の霊験は天下に知れ渡り、その神に奉仕できる幸せを頂戴しています。神仏のご加護があることを大いに広めますと誓います」とあります。相田の名前は流石に「蔑」八郎ではなく、「茂」八郎なのか。『参考諸家系図』で、中村門兵衛家は確認できます。本多と相田は索引になく、佐藤美清は特定できません。635 ㎜×300 ㎜

厨川稲荷神社の扁額

厨川稲荷神社扁額

表には、「厨川稲荷神社」と大書されています。裏には、「七十叟」と「東第」あるいは「東茅」、「東芽」のように見えますが、はっきりは読み取れません。620 ㎜×2110 ㎜

残念ながら、裏面に年号は見えません。「東茅」の下に二文字あります。これ以外に墨書は確認できません。七十叟とありますから、古稀の記念に揮毫したものでしょう。

明治廿一年奉納扁額

表は、「奉納　稲荷社　明治廿一天五月一日　中村」と見えます。

中村某の奉納でしょうが読めません。裏には、何も見えません。

明治二十一年（一八八八）は黒田清隆内閣で、翌年大日本国憲法が発布されます。380 ㎜×665 ㎜。

工藤勝蔵奉納『奉納　稲荷神社』扁額

時代背景が思い浮かぶ扁額

白木仕上げに周り飾りは金箔が施されています。文字は、中央に横書きの「奉納」と縦書きの「稲荷神社」と平面を囲む枠が金箔仕上げです。右に「昭和八年九月廿九日」と左に「厨川村　平賀新田　工藤勝蔵　廿一歳」と黒文字で鮮やかです。372 ㎜×405 ㎜

昭和八年は一九三三年にあたり、前年に上海事変、血盟団事件、満州国の建国宣言、五・一五事件があり、国際連盟へ対して脱退を通告した年です。二十一歳とありますから、徴兵検査を受けて入隊を前にして、武運長久、身体堅固を祈願して扁額を奉納したのでしょう。時代を反映しています。汚れも傷もありません。

大正七年奉納扁額

表に文字は確認出来ません。「稲荷社」とでもあったのでしょうか。裏は大正七年（一九一八）陰暦九月廿九日納とあります。455 ㎜×650 ㎜

大正七年奉納扁額

昭和三年ヤマヨ奉納扁額

表に奉納　稲荷神社　ヤマヨ（山笠にカタカナのヨ）昭和三年（一九二八）十月十八日　厨川稲荷馬車組合とあります。裏は何も記されていません。現在も稲荷町にヤマト運輸がありますが、秋田街道や雫石川の舟運の関係で交通の要所に神社近郊に厨川馬車組合があり、尊崇を集めいた様子が伝わります。左端の縦書き文字は判読できません。

545 ㎜×850 ㎜

昭和五年奉納扁額

表に「稲荷神社」、「工藤良憲」が見えます。裏に「昭和五季（一九三〇）十月九日拝書　松原良憲カ」とあります。

400 ㎜×545 ㎜

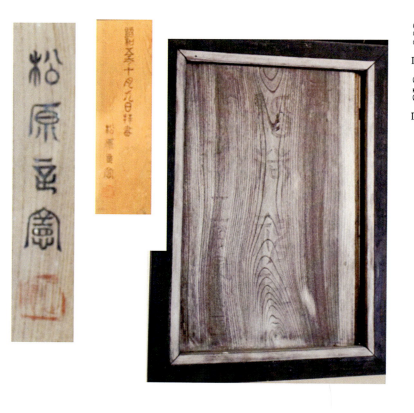

国威宣揚扁額

表は、「奉納　国威宣揚　皇紀二千六百年　佐々木兵助照井長次郎」とあり、裏は何も記されていません。

神武天皇の即位元年を紀元とした数え方で、昭和十五年（一九四〇）にあたります。日米開戦の前年にあたります。日独伊三国軍事同盟の締結、北部仏印進駐と大政翼賛会の発足など戦時体制強化されていく年です。です。針金部分には刀剣か銃器が掲げられていたと考えられます。630 ㎜×920 ㎜

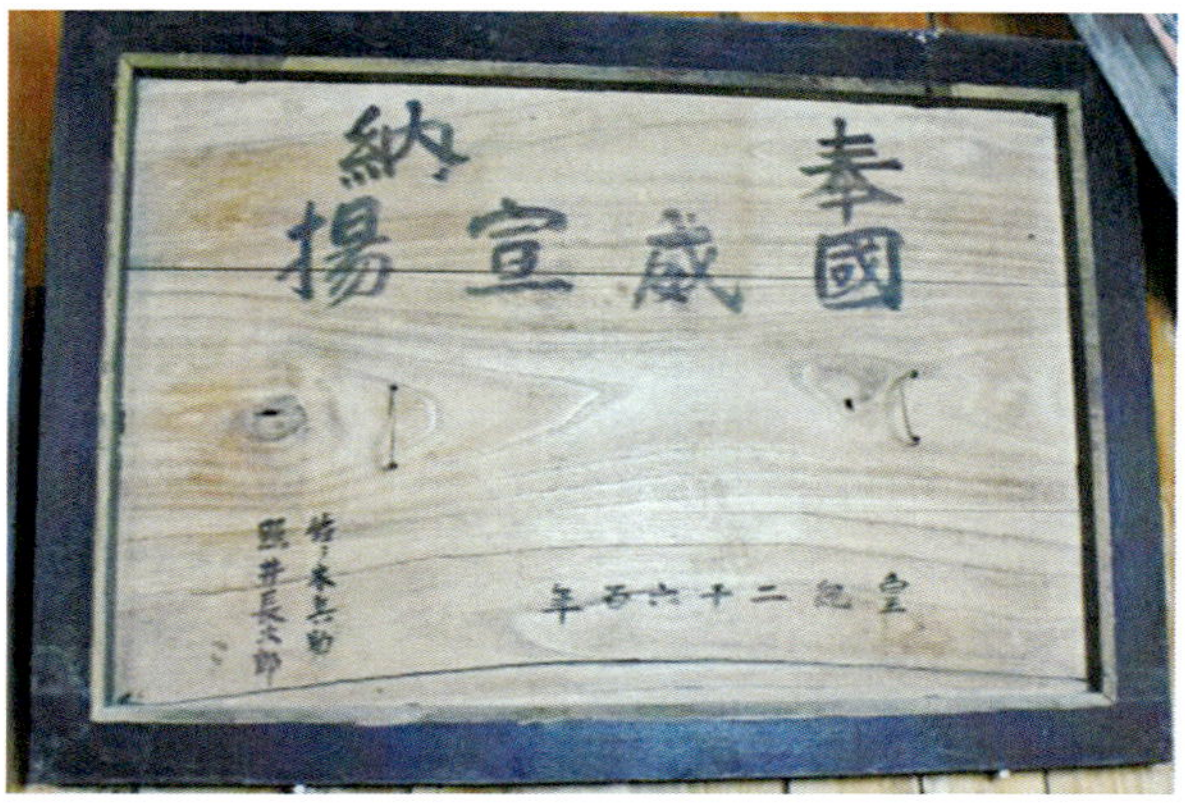

奉納神饌田扁額

表に、「奉納　神饌田　盛岡市新田町　佐藤初五郎昭和講話之日　白鳥孜聿」とあります。裏には何も書かれていません。ミズーリ号での調印でしょうか。講和であれば昭和廿六年（一九五一）九月八日サンフランシスコ講講和条約調印を記念してのことでしょうか。盛岡藩から別当家に下賜されていた石高は二石六斗八升でしたが、田圃の場所、面積、石高は記されていません。595 ㎜×905 ㎜

扁額豊穣

明治以降でしょうが年紀（年月日）がはっきりしません。表には、「豊穣」と左から右へ大書しています。「上厨川杉原　齋藤政吉」とあります。下地を白く塗った形跡があります。裏は何もありません。上厨川杉原は前潟一丁目信号から雫石川沿いあたりの地名です。605 ㎜×1260 ㎜

影徳謹書『稲荷社』扁額

表に墨書で、「稲荷社」　相原〇〇　藤原宗一郎　藤田源一郎　藤田〇次郎　〇谷次郎　清原あるいは指原影徳謹書と読めます。上の印は影徳で、下の印は読めません。裏には何も確認出来ません。材は大変立派です。年紀（年月日）は不明です。930 ㎜×1446 ㎜

指力原影徳謹書　稲荷社　扁額

工藤長兵奉納稲荷神社扁額

表は「稲荷神社」と微かに読めます。裏には、「工藤長兵」と書かれています。急いで書いたように工藤は大きく長兵は小さくなります。435 ㎜×860 ㎜

表面

裏面

ヤマヨ奉納「厨川稲荷神社」扁額

表に横書き「奉納」縦書きで中央に「厨川稲荷神社」右に「施主　ヤマヨ（山笠にカタカナのヨ）株式会社」と文字はすべて金文字で両端に巻形のある四辺飾り枠があります。す。雲形に忍冬風（すいかずらふう）の金縁の飾りが見事なものがあります。

裏には施主　山笠にカタカナのヨ　株式会社とありますが年紀がありません。木目をいかした仕上げになっています。975 ㎜×670 ㎜

この他に、表裏ともに何が書いてあるのか判読不能なもので、大きさは620 ㎜×2018 ㎜のものと、表は判読不能で、裏に文字のない470 ㎜×605 ㎜のものもあります。

工藤千太奉納扁額

横に奉納、中央には穴開銭（あなあきせん）を鳥居形に鋲で打ち込んでいます。右端に昭和五年（一九三〇）拾月九日工藤千太とあります。鋲は六つ、穴開銭状金物は五つ遺っています。鳥居形痕はわかります。裏面に墨書はありません。

410 ㎜×455 ㎜

木造白狐造台座裏墨書

R　二月吉日　赤沢清助　　L　弐月吉日　赤澤清助

本人の署名で弐月と二月、沢と澤、清と清を本人が書き分けるだろうか？

鰐口

お寺や神社にお参りしますと、賽銭箱の頭上から垂れ下がる振り緒のうえには鈴あるいは鰐口（わにぐち）が取り付けられています。どらやき状のもので下半分が鰐の口のように開いているのでこの名前がつきました。叩いて鳴らして、参拝するものです。正面には、

奉納　安政五年五月吉日　三ツ屋町　講中　敬白

裏面には、六兵衛　六之助　彦右エ衛門　萬助　宮松
六助　勘之助　寅松　善助　善四郎　甚蔵
三之助　孫十郎　萬治　酉蔵　甚太　善吉
定吉　一太　卯之助　萬之助　重兵衛　重松

願主甚左エ門　世話人清助　同金之丞　秋葉社講中
妙見社講中　小西氏

とあります。安政五年（一八五八）にあたります。直径が二尺ほどで幅が三寸ほどの大きさで、妙見（みょうけん）社に奉納されたものです。妙見様は北極星を現すとされ、開運の神様です。秋葉社は火防（ひぶせ）の神として有名です。稲荷社の脇堂として妙見社が描かれた絵図があります。今はありませんが幕末には妙見堂があったことがわかります。秋葉様と妙見様を一緒に祀っていたのでしょう。

願主　世話人　部分

鰐口全体

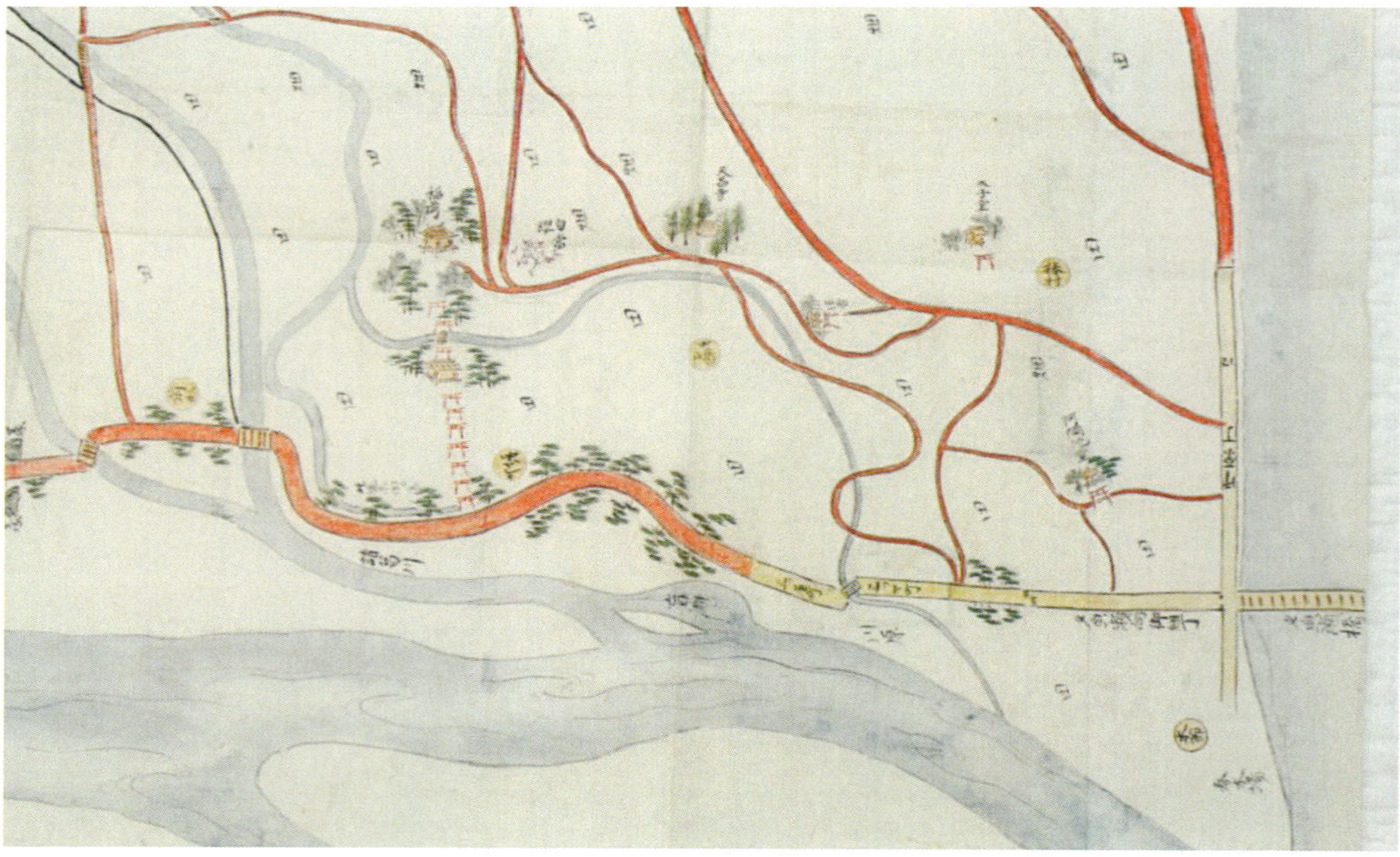

もりおか歴史文化館蔵　岩手郡厨川村絵図

夕顔瀬橋を西に渡ると、阿弥陀堂、太子堂、住吉社に天昌寺が見えます。街道筋では夕顔瀬向組丁という足軽屋敷の次が三ツ屋町です。三ツ屋町の終わるあたりの雫石川に盲淵（めくらぶち）と書き込まれています。道の色が黄色から朱色に変わりますと松林が街道の両側に見えます。中屋敷という地名以外は田圃です。七つの朱鳥居奥に建物があります。拝殿でしょうか。鳥居一つをくぐれば、諸葛川の支流にかかる小橋を渡ると鳥居が二つあり、縁が巡る少し立派な建物が描かれ、上に稲荷とあります。稲荷社の御堂周辺には欅や松に囲まれています。稲荷社東隣にある勾当桜（こうとうざくら）は、前九年合戦の際に安倍貞任（あべのさだとう）の側に仕えていた勾当が身を投じたことを悼んで植えられたと伝えられます。見事な枝振りです。更に西方向に進めば地名に前形と記されています。現在は前潟と書きますが、田圃と諸葛川と雫石川ばかりですから、稲荷や勾当塚以外は湿地で水鳥の住処（すみか）だったようです。

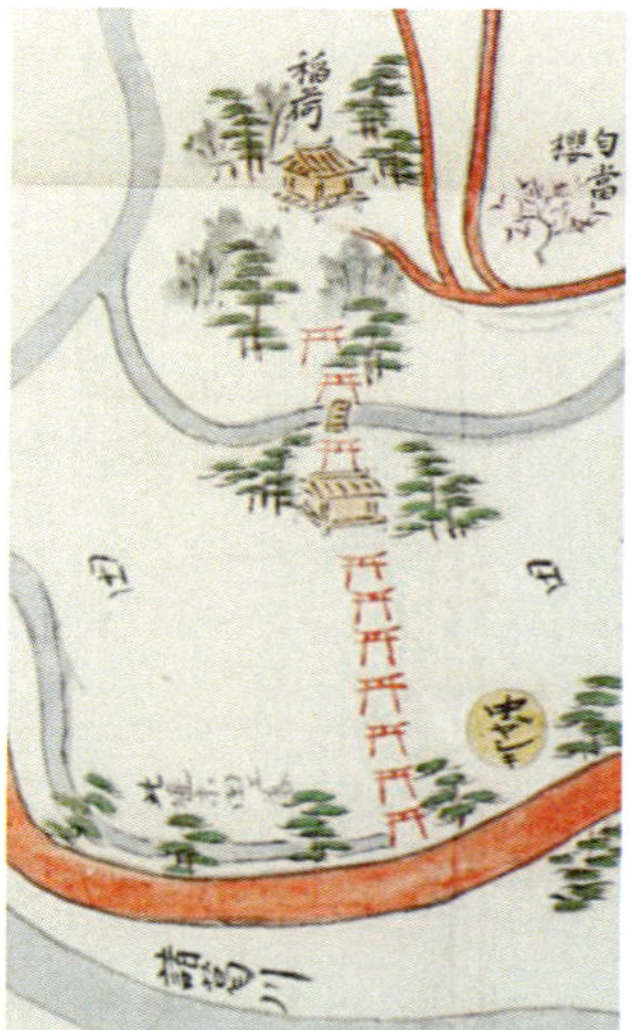

神社近郊拡大

『雑書』にみる藩政期の厨川稲荷神社

盛岡藩家老席日誌『雑書』という記録があります。これに見える厨川稲荷神社関連記事を抜き出してみれば、その当時の様子や神社の変遷がたどれると思って読み始めました。膨大な量に達しますので最初の方はひたすら活字本を読みました。幸いなことに途中からは、DVD化されていますので、検索が可能になり、厨川あるいは栗谷川を調べました。その日の記述を活字本で確認して神社関連の部分を拾い上げました。かなりの時間と気力を要する作業でした。

＊　＊　＊

第一巻から第七巻までには関連記述がありません。江戸では五代将軍綱吉の生類憐れみの令が徹底されている時期ですが、我が領の生殺与奪の権は我に在りと言うかのように、二十九代南部重信と三十代行信父子は、盛岡近郊の梁川や厨川で鉄砲を用いた狩りを行っています。重信とは伯父甥、行信とは従兄弟で正室志久が行信娘ですから親子でもある八戸藩主南部直政は将軍綱吉の御側御用人に柳沢吉保とともに任じられていました。江戸では費用が嵩むため犬を七十頭ほど八戸へ移動させ飼育しています。藩邸には魚介類を中心に飲食はもちろんのこと入れることさえも名前をあげて禁止して、将軍の意に沿うように最新の注意を払っているときに大胆とも言えます。前潟という地名の通り、諸葛川や雫石川の氾濫域で、湿地だったことから水鳥が沢山棲息していましたから狩猟には適地だったわけです。その道すがら参拝した可能性も考えられますが、『雑書』には直接記述はありません。鋳金の稲荷像（通称金銅稲荷）が元禄十二年（一六九九）に奉納された経緯なども一切記されていませんでした。

＊　＊　＊

『雑書』第八巻の元禄十六年（一七〇三）の六月十四日条に最初の記述があります。三十代行信の側室慈恩院の願いによって社領証文出たとあります。慈恩院は三十一代信恩（のぶおき）の生母蓮で、岩井氏の出でした。実父が隠れキリシタンであることが発覚して斬首となりました。その首を圓光寺門前から住職の指示に従って投げ込んで供養を頼んだ娘です。彼女の願いで岩手郡下栗谷川村の里舘（さだて・さとだて）の彦十郎が耕作していた田を神饌田として高二石六斗八升を厨川稲荷別当へ祈祷が疎かにならないようにと寺社奉行の石亀弥左衛門宅にて申し渡されています。元禄十六年六月十三日付けになっていて、署名は、楢山五左衛門、櫻庭十郎右衛門、中野吉兵衛と三家老がしていたようです。

＊　＊　＊

宝永年間の記述は急に増加して詳しくなります。宝永元年（一七〇四）神社の拝殿は御袋様（信恩生母慈恩院）の建立なので、九月八日湯立て神事を行うので費用負担を書面で願い出ています。御袋様の御寄進御建立だから願いでの通りにしてやるようにと町奉行の米内半太夫と町奉行に転出したのか、寺社奉行のままかわかりませんが石亀弥左衛門から許可が言い渡されていますので御下賜金も頂戴したのでしょう。

＊　＊　＊

宝永二年（一七〇五）九月廿九日には藩主信恩が、御用人毛馬内左膳と日戸五兵衛が御先を務めて参拝しました。御太刀馬代三百疋（ひき・一文三十五円換算で約十万円相当）御懸銭壱貫文（おんかけぜに・いっかんもん・三万五千円相当）御初尾（現在の御初穂料）五包（三十三文包むまたは銀貨を包むが中身は不明です）それらのお金は、御歩行目付（おかちめつけ）の坂元源蔵が持参しています。願文や包み紙などが遺っていればもう少しわかることが増えたと思います。

＊　＊　＊

同じ年の十月十九日条には、栗谷河稲荷別当の長作が神位を得るために京都の吉田家に行くことを寺社奉行に申し出て、願いの通り許可されました。明日の出立で、江戸藩邸の滝六右衛門と京都岡崎御番人浜田半左衛門への添え状と御初穂料五百疋（約十八万円）を寺社奉行から受け取ったとあります。これは御袋様慈恩院と信恩の考えがあったからということでしょう。別当長作は宝永三年（一七〇六）一月十九日に長作改め長右衛門となり、裁可状を持参して帰着しました。奥州南部岩手郡栗谷川荒屋村　正一位　稲荷大明神　祠司　工藤淡路守藤原盛光　恒例の神事や参勤の際は風折烏帽子（かざおりえぼし）と狩衣（かりぎぬ）の着用が許可されました。神道裁許の状、件（くだん）の如し、とあります。宝永二乙酉十一月廿八日　神祇管領長上正三位侍従卜部朝臣　朱印　と書面にあったようです。一か月と十日ほどで京都に到着し、神位を授かったことになります。神道の総まとめ役のトップから朱印を頂戴して帰国したのです。長作が長右衛門となり淡路守盛光と受領名を名乗れるようになり、衣裳の許可までおりていますから、めったにないことを成し遂げたことになります。

＊　＊　＊

二日後には、御用人の黒沢伝兵衛が藩主の代参を務めています。御太刀馬代金三歩包（約十万円）御初穂十三包を御歩行目付佐々木惣七が持参したとあります。黒沢伝兵衛の娘康（やす）は信恩の側室で三十三代利視（としみ）の生母であり、信恩死亡後は浄智院と号しました。

同じく宝永三年の六月三日の記述には昨夜亥の刻に信恩の側室やすが、御姫様を出産したと医師の古川寿楽が母娘ともに健康だと五日振りの飛脚を江戸に差し向けています。厨川稲荷に安産祈願をしていたのかも知れません。宝永四年（一七〇七）には、五月三日と九月八日に厨川稲荷別当淡路守から御守札（おんまもりふだ）が奉納されています。この年も信恩の厨川への出御は十数回に及びますが、狩猟なのか参詣なのかはっきりした記述はありません。

直接的な関係はありませんが、勾当塚社前で四十歳ぐらいの女非人の死骸を勘三郎が見つけて届け出でたのを厨川代官所で傷や怪我がないことを確認して埋葬したとあります。

＊　＊　＊

第十一巻には、享保三年（一七一八）十二月十四日に別当が例年通り御供物をさしあげ、享保五年（一七二〇）同じく十二月十四日御備餅（そなえもち）を例年お通り稲荷年越しなので差し上げたとあります。享保八年（一七二三）には九月九日、十九日、二十九日まで祭礼警固の足軽の派遣を代官が申し出て、目付から例（年欠字カ）の通り申しつけられています。享保九年（一七二四）九月十八日に吉助様こと後の利視が十九日に参詣すると御附人から連絡がありました。この時十六歳です。

＊　＊　＊

享保十四年（一七二九）には、祭礼の九日、十九日、二十九日に警固の足軽派遣が申し渡されています。享保十七年（一七三二）には社領相続が別当長右衛門に認められ、懈怠（けたい）なく別当職を務めるように寺社奉行から申し渡されています。享保十九年（一七三四）一月十六日には、御新丸において能の興業があり、高砂、松風などの能と釣狐、靭猿などが行われました。家老の漆戸勘左衛門と毛馬内九左衛門が詰めて藩主もご覧になって、菓子や赤飯が見学者全員に振る舞われました。

＊　＊　＊

第十七巻の元文五年（一七四〇）には拝殿が大破したので修理したいので、盛岡城下と上田、栗谷川、飯岡、向中野、見前通（どおり・盛岡藩内の行政区画）代官所管内での布教と寄付集め願いが別当から提出され、家老の中野吉兵衛から寺社奉行の織笠庄助経由で許可が下りています。

＊　＊　＊

寛保元年（一七四一）には厨川勾当塚で「げんべい」が博奕をやって、居所管内と盛岡城下所払いになったとあります。寛保二年（一七四二）には例年の通り三九日（九日、十九日、二十九日）の警固に同心（足軽）二人が派遣されています。延享元年（一七四四）も同様に稲荷祭礼の三九日に警固同心が派遣されています。この祭礼後に御城下と近在でお祓いの引賦する許可を申請して寺社奉行から許可が下りています。寛延四年（一七五一）の大釜村の川欠けの際、松林が邪魔になったので伐採する指示が勘定所からで出た後に、栗谷川稲荷前川端街道へと見えます。

＊　＊　＊

宝暦二年（一七五二）八月五日条に厨川稲荷別当工藤正太夫に、親志摩守が存命中であるが願いによって跡式（相続）を認める記載があり、宝暦十年（一七六〇）二月三十日状には、「神社之覚」の部分には、陸奥国之内　一　正一位稲荷社　社家　工藤長太郎と見えます。

＊　＊　＊

しばらく関連記載はなく安永八年（一七七九）九月四日条に、明神祭礼時の浄瑠璃と、厨川稲荷祭礼時の操（人形浄瑠璃文楽）の興業願いが両方とも不許可になって寺社奉行から申し渡されたとあります。天明元年（一七八一）六月朔日には、初めて鳥目（ちょうもく・挨拶時の礼金）を厨川稲荷別当淡路守の子工藤大内蔵がお目見え（藩主に謁見すること）しています。天明二年（一七八二）九月十八日条には、近年は豊楽相撲や芝居之類の興業の許可申請をしていませんでしたが、領内の繁昌と五穀就成の祈祷と豊楽草相撲を実施したい申請が出て、寺社奉行から、一九日から晴天の三日間で、筵銭（むしろぜに・見学料）拾弐文（約四百円）を徴収することへの許可が申し渡されています。

＊　＊　＊

天明三年（一七八三）七月一八日条は深刻です。栗谷川稲荷別当工藤淡路守は、本社と拝殿が大破したので度々修復の願い出たものの許可が下りません。そのままにもしておけませんので修復してもらえるまでは何とか取り繕って神事は務めますので、盛岡五代官所（盛岡近郊）と三閉伊通（野田通、宮古通、大槌通・沿岸地区代官所管内・通は盛岡藩の行政区画）で、勧化（布教と寄付集め）の許可を願い出ていきます。天明の飢饉で、近年は郷ごと困窮しているので寄付集めは困難を極めるだろうが、藩主家ゆかりの稲荷なので許可はするが、村肝煎（村長）に頼んで寄付を家毎に割り付けてもらうようなことはしないようにと条件付で寺社奉行から許可がおりています。

＊　＊　＊

天明四年十月十六日条には、厨川稲荷別当工藤淡路守から祓殿、拝殿、神楽殿、休息所ともに大破したので盛岡城下と盛岡近郊五代官所管内と三閉伊通から寄付を集めましたが、まだ九十六貫六百七十三文分が不足で、自力では補いきれないので、これ以外の代官所管内も寄付集めできるように許可願いが提出されました。御勘定頭たちが相談して稗貫郡と和賀郡をさす花巻二郡と奥通（二戸郡以北）、両鹿角（秋田県鹿角郡周辺）での寄付集めを許可することになりました。但し、各代官所に寄付帳を置いて、肝煎達に相談させて、郷割り（村の石高や人数割り）などをしないように各代官にはその旨の通達が出されています。翌十七日は御宮の修復が完成したならば、遷宮の費用負担は、今までも毎回藩に用意してもらっているので、今回もよろしくお願いしますと厨川稲荷別当工藤淡路守から申し出があったので、御勘定頭たちが相談して五貫文を下げ渡すと寺社奉行を通じて伝えたとあります。同年同月十八日、厨川正一位稲荷大明神の修復が完成したので、十七日にお浄め祈祷、十八日夜に遷宮して、十九日には祈祷と神楽をしたいと思います。費用は私が負担して武運長久を祈祷して両日務めてお祓いを差し上げますので、御幕一双を拝借したいと別当が申し出てきたので、寺社奉行経由で許可することを伝えたとあります。

＊　＊　＊

それから十年後、寛政六年（一七九四）二月九日条では、別当は初午の十二日に稲荷神前で気候順時（適切な風と雨と日射しがあって）と五穀成就（米麦大豆などの穀物が良くみのる）の祈祷と湯立神事や神楽を行ってお祓いをします。御守札などは献上いたしませんので許可願いますと別当から申し出があったので許可し、寺社などが費用を負担する祈祷の願いについてはお初穂料や祈祷料などを下賜することをやめることにするとあります。

＊　＊　＊

寛政八年（一七九六）八月四日条には、住吉社の別当津守正造が今年だけは八幡社の祭礼に門弟たちと神楽を奉納したいので、行列の御供を仰せつけてください。十四日と十五日は夜に神楽を奉納しますからと津守正造の師、栗谷川稲荷別当から申し出があったので、願いの通りにして良いと寺社奉行から許可が下りています。

＊　＊　＊

享和元年（一八〇一）八月廿七日条には、厨川大明神の本社、拝殿、神楽殿が大破したので藩に修復を願い出るべきでしょうが、時節柄恐れ多いので、富籤（とみくじ・たからくじ）を五会（五度）やって、その寄進料によって本社と拝殿の屋根を葺き替え、そのほかにも所々修繕したいと別当から願い出があったので、その通りに寺社奉行から許可が申し渡されています。享和二年（一八〇二）二月十二日条には厨川稲荷祠官工藤淡路守の門弟住吉大明神祠官津守大和守がお目見えを願い出て、寺社奉行から許可が通達されます。翌十三日は祠官工藤淡路守が、先だって息子の志摩守が病死したので、孫の式部を相続人にしたいと願い出て許可されています。享和三年（一八〇三）九月十九日に御免地二石六斗八升を淡路守存命中に厨川稲荷別当工藤式部への相続が許可されています。

＊　＊　＊

文化五年（一八〇八）十月七日条では、工藤式部が本社の修理費用捻出のため、富籤三会実施の許可申請があって許可が出ています。文化九年（一八一二）七月四日に工藤式部は刀差格となり、社役勤務に対して壱両壱人扶持が支給されることになりました。栗谷川稲荷宮への二石六斗八升は神事と掃除料あてて、勝手に別当家が相続すること、家計の助けにすることがないように藩から通達が出ています。興味深いのは、同年九月廿三日条です。七五三詣での風習が定着してきたようで、親の都合で神社を選んで勝手に参拝するのは不相当なことなので、城下を四区画に分けて、夕顔瀬川向かいや御城下近きところは栗谷川稲荷大明神へ参詣するように藩から通達が出ています。

＊　＊　＊

今後も『雑書』は活字化されますので経過を追いたいと思います。

＊　＊　＊

『覚書』の慶応篇では、神社に関する直接的な記載はありません。街道筋ですので人馬や金銭提供の記載が多くなります。明治篇では明治三年十一月十三日条に厨川稲荷神社神主駿河事　工藤多喜治とあります。

＊　＊　＊

ここまで振り返ってみても、慈恩院の信仰から、京都まで出向いて卜部家から神位を授かり、藩主の参詣や代参も度々ありました。通年劣化や暴風雨などの大破後は、その都度、藩から修復や再建の費用の援助がありました。度重なる飢饉で藩財政が悪化すると勧化と呼んだ布教と寄付集めを領内で行い、神楽や相撲での見学料や、富鬮（とみくじ・宝くじ）などで費用を工面するなど維持管理に苦慮してきた様子がわかります。「格別の神社」として、藩主家と藩の財政や行政担当者に認識されていた神社だと言うことがわかりました。

南東から見た現在の拝殿

終わりにかえて

厨川稲荷神社の文化財調査を依頼されて足かけ三年目に入ります。当初は依頼されたような、されていないような、依頼されたのかなという感じでした。調べてわかったことについてはその都度、ご報告したのですが、総代さんたちの反応は今ひとつでした。ご理解いただいているのか、いただいていないのかもなかなか、こちらには伝わっては来ませんでした。それでも、扁額や絵馬の写真撮影のために、撮影台を作ってくださったり、赤外線ビデオカメラを駆使したり、背景紙がわりのシーツにスチームアイロンをかけてくださり、工事用の大きな照明器具をご用意くださったりしてくれたので、これは本気なのだな。逃げられそうにないなと思わされたものでした。

神社の起源は、源頼義の前九年合戦に始まりますが、なにせ十一世紀のことです。源頼朝の奥州征伐からでも十二世紀末のことで、九百年ほど前の話です。古文書は遺っていませんし、明治以降の記録はあるにしても、体系的に調べるのは無理だなあと内心思っていました。光明が射していたとすればいたとすれば、今までの説明板や社記は『御領分社堂』を参考にしていたこと。現存する物の数が相等あり、その刻銘や墨書銘をまとめても、それなりのものにはなるなあと思えたことです。加えて盛岡藩の家老席日記『雑書』から、厨川稲荷神社の変遷に関わる部分は抽出しても面白いなあと思いました。依頼側はそう感じないはずですが、かなりの時間を費やしました。しかし至福の時でもありました。史学科出身ですが日本古代史専攻。近世文書を読むべく、きちんと学んでおりません。まずは印刷本を一ページずつめくりました。興味関心があることに引っかかって読み耽ることも多かったです。付箋紙を貼り、蛍光ペンで塗って、抽出のもとを得ました。大変勉強になりました。八戸藩成立期をかじった者として、『八戸藩目付所日記』以上に、『雑書』のほうが詳細である記載が散見しました。家臣たちから殿様に知行地の特産物を様々献上することや、百姓や家中も生活が逼迫して一家でどこかに逃げ去る欠落や勘略と言われる知行地での質素倹約の生活を数年間する者がいかに多いかということです。

今後も活字本ができる度に厨川稲荷神社を拾い続けたいと思います。途中からは、DVD 化のお陰で、厨川と栗谷川を検索ができました。原資料に真摯に向き合い、大変有意義な時間を過ごせました。

故大矢邦宣先生のご縁で書家の武田素虹氏にご指導ご協力を得て絵図内容や篆刻印など御教示いただきました。太田悌子学芸員はじめ、もりおか歴史文化館には大変お世話になりました。この場を借りてお礼申し上げます。

この調査が今後の修理や保存を計画的に推進して行く一助になりますことを祈念いたします。

（佐々木勝宏）

編集後記

古いものがいっぱいあるなあと思って見上げてみても私たちには調査のしようがなく、佐々木勝宏先生に頼り切ってしまいました。できるだけ協力はしてきたつもりです。赤外線で撮影できるビデオカメラを久しぶりに使って、肉眼では殆ど見えない文字が光線や角度によって見えたときの嬉しさは忘れられません。

調査の結果の一部は拝殿に扁額風にまとめて掲げられましたし、太田孝太郎氏が前立と呼び、私たちが金銅稲荷と呼んでいる鋳造神狐像は、台付アクリルケースに入れられるようになりました。

振り返れば少しずつ神社に新風が吹き込んでいます。今回神社が守ってきた文化財が『厨川稲荷神社の信仰と歴史』と言う一冊にまとまりました。文化財もこの本も同様に大事にします。盛岡藩主家ゆかりの神社であることがはっきりわかって嬉しいです。この神社の総代である誇りを深く致しました。

この場を借りて、調査や執筆にあたられました佐々木勝宏氏に改めて感謝申し上げます。

総代　工藤　純一

『厨川稲荷神社の信仰と歴史』
編集委員

代表責任役員　工藤　由春
総代　谷藤　泰司
総代　工藤　純一
総代　工藤　正輝
総代　高橋　吉春

発行日　平成三十戊戌年（二〇一八）九月吉辰

印刷　有限会社ツーワンライフ
紫波郡矢巾町広宮沢十の五一三の一九

編集・発行　『厨川稲荷神社の信仰と歴史』編集委員
盛岡市稲荷町六の一

執筆　佐々木　勝宏

◆『御領分社堂　二』　厨川稲荷神社掲載部分

厨川代官所之内　下厨川村

一　正一位稲荷大明神　弐尺五寸四面板葺（莚月一文字）　同　工

藤長太郎

本地寂光弥陀尊

右は下厨川村荒屋卜申所、往古工藤小次郎建立候由

申伝候、古キ書付等御座候ところ、私より三代已前惣助節出火

不残焼失仕候、延宝三年　重信公奥様御病気

御立願之処、為成就御堂并御爾戸帳鳥居御建立

被遊候、宝永二年御立願之処、為成就拝殿一宇并

元禄十六年　久信御代為御寄進於下厨川村

高弐石六斗八升、御祈祷無懈怠可相旨社被成下、

御証文所持仕候、宝永二年官金等下置、同年十月

上京仕、於吉田家正一位神官被遊候

一　鞘堂　弐間半三間葛葺（莚月一文字）

右は享保廿年　利幹公御代御建立

※写真を掲載したところに説明を入れました。

◆『寺社記録』厨川稲荷神社掲載部分

①元禄十六癸未年（一七〇三）

一　栗谷川稲荷え御寄附

岩手郡　下栗谷川村

一　高弐石六斗八升　　里舘　彦十郎

右者稲荷為寄進被遣候、御祈祷無懈怠可相勤者矢

元禄十六年六月十三日

五左衛門

十郎右衛門

吉兵衛

栗谷川稲荷別当　長作

右者　慈恩院様依御願被遣、寺社奉行より長作え渡之

※本来は、栗谷川稲荷別当長作部分は、吉兵衛より下に書かれています。元禄十六年に栗谷川稲荷神社へ慈恩院様の願いで高弐石六斗八升分の下厨川村里舘の彦十郎が耕す田圃を寄進してもらっています。楢山五左衛門、櫻庭十郎右衛門、中野吉兵衛の三家老の署名捺印だったようです。祈祷を怠けないように念を押され、別当長作が受け取っています。

②元禄十七甲申年（一七〇四）

一　同日（九月六日）　栗谷川稲荷拝殿今度　慈恩院様より御建立被成、明後八日吉辰ニ付御湯立仕度候間、入方被下度旨別当申上願之通遣候様、御町奉行え申渡之

※この日に湯立て神事をしたいが費用がないので藩に負担をお願いした。慈恩院様建立なので願いの通り、費用を出したとあります。

③（元禄十七年のこと）

一　九月八日　栗谷川稲荷拝殿之逐畢、今日御湯立有之、御町奉行米内半太夫相詰、殿様御名代櫻庭十郎右衛門参上、銀壱枚包御初尾共ニ献納之

※この湯立て神事には、町奉行が列席し、殿様の名代として家老の櫻庭十郎右衛門が参詣しています。

④宝永二乙酉年（一七〇五）

一　同（九月）廿二日卯刻　殿様栗谷川稲荷え御参詣、御先え御用人両人相詰、御太刀馬代三百疋、御懸銭壱貫文、御初尾五包被献之

※お殿様が自ら参詣しています。御用人と一緒でお初穂料もある程度わかります。

⑤（宝永二年十月）

一　同十九日　栗谷川稲荷別当長作儀、神位之儀願上、京都え罷登度旨寺社奉行を以申上、願之通被　仰付、因是明日罷登候ニ付、於江戸下田覚右衛門瀧六右衛門并京都岡崎番人浜田半左衛門え添状寺社奉行え相渡

一　右稲荷為神位別当上京候付て、為御初尾五百疋寺社奉行を以被遣之

※別当の長作は藩から五百疋を持たされて、京都まで神位をもらいに江戸藩邸や京都岡崎番人への添え状をもって出発します。

⑥宝永三丙戌年（一七〇六）

一　正月十九日　栗谷川稲荷別当長右衛門儀、稲荷神位として去年上京候処、昨日下着裁許状持参

※別当長作は長右衛門と名を改め、ほぼ二か月で盛岡から京都まで行って目的をなし、京都から盛岡まで戻ってきました。京都の卜部家からの裁許状得てきて栗谷川稲荷は正一位となりました。三百二十年ほど前のことです。

⑦（宝永三年正月）

一　同廿一日、栗谷川稲荷え御名代御用人黒沢伝兵衛を以、御太刀
　馬代金三歩、御初尾十三包被献上之

※神位を授かった栗谷川稲荷に名代として藩主御用人が参拝しています。

⑧元文五庚申年（一七四〇）

一　元文五年十一月朔日
　一　栗谷川稲荷　別当
　稲荷社拝殿及大破候付修復仕度、依之　御城下并上田
　栗谷川飯岡向中野見前通御代官所相対勧化
　被　仰付被下度旨申上、願之通御町奉行え申渡之

一　（記載なし）

※拝殿が大破したので御城下と盛岡近郊五代官所管内での布教と寄付集めを願い出て町奉行から許可が伝達されています。

⑨天明二壬寅年（一七八二）

一　厨川稲荷別当　工藤淡路守
　此度稲荷祭礼ニ付、前々三九日之内豊楽相撲芝居之類願上候処、
　近年願上不申候、御所繁昌五穀成就之御祈祷豊楽草取角力来ル
　九日より晴天三日被　仰付被下度旨、尤右入方自力及兼候間、
　見物之者より筵銭拾弐文宛取立申度旨申上、願之通寺社奉行え
　申渡之

※御領内の繁栄と五穀豊穣の祈願と豊楽相撲を晴天三日実施したい。費用用も嵩むので見学料を徴収してあてたいと別当が申請して、その通り、藩から許可が下りて寺社奉行経由で申し渡されています。

⑩天明三癸卯年（一七八三）七月十八日

一　　栗谷川稲荷別当　工藤淡路守
稲荷御本社拝殿殊之外大破仕候ニ付、御修復之儀願上候得共、被
仰付難捨置、大破罷成候間、御修復被成下候迄如何様ニも取繕
御神用相勤申度候間、盛岡五御代官、大槌、宮古、野田通相対勧
化被　仰付被下度旨委細申出候付、右願書得附札ニて左之通申渡
之

附札
　近年在々困窮之時節故難被　仰付候得共、格別之御普請之御場
所故被　仰付候間、村肝煎当え頼割付同前之勧化は決て相扣可
申候、願上候之通信仰之輩相対を以可致勧化旨寺社御奉行え申
渡之

※本社と拝殿が大破して修理をしたい。修理がなるまでは取り繕って神事は行うが、布教と寄付集めを盛岡近郊の五代官書管内と三閉伊通代官所管内で実施したいので許可していただきたいと申し出た。藩としては特別な神社なので許可はするが、時節柄（大飢饉）で大変な時期なので肝煎の協力など得ずに、信仰の人びとから寄付集めをするように各代官には通達を出しておくので、そのようにしなさいと附札がついて帰ってきたようです。

⑪天明四甲辰年（一七八四）十月十六日

一　　厨川正一位稲荷別当　工藤淡路守

御本社御祓殿、御拝殿、御神楽殿、休足所共ニ大破ニ付、御城下諸士丁并在町五代官所、大槌、宮古、野田通相対勧化先達て願之通被仰付、相廻勧物取立候処、九拾六貫六百七拾三文不足仕、自力ニ及兼候間、外御代官所不残相対勧化被　仰付被下度旨委細口上書を以申出、御勘定頭共為遂吟味、花巻二郡、奥通、両鹿角相対勧化願之通被　仰付、明年より相廻候様被　仰付、尤御代官所ニ寄帳付肝煎りなと頼合候て取立てハ、頓て郷割同様之事故、左様之儀は決て請合不申様、御代官えは御勘定所ニおゐて為申渡、右之趣寺社奉行え申渡之

※殆どの建物を修理するために盛岡近郊五代官所管内と三閉伊通で布教と寄付集めをしたけれどもまだまだ不足で、それ以外の代官書管内も布教と寄付集めをしたいと願い出て、許可が出ています。しかいs、代官所に寄付名簿を置く、村ごとの肝煎りに協力してもらって郷ごとに割り振るというようなことはしないようにと各代官所にに通達しておいたからと、寺社奉行から許可の申し渡しを受けています。

⑫天明四甲辰年（一七八四）十月十七日

一　　厨川正一位稲荷別当　工藤淡路守

御宮御修履之節は、前々より御遷宮御入方被下置候、仍此度も右御入方可申上候処、御時節柄殊格別之も御手当も被下候付、右御入方之儀は　思召入次第御渡被下度旨申出、御勘定頭ともえ為遂吟味、御代物五貫文被下置之旨寺社御奉行え申渡之

※今までも遷宮の度に藩から費用を出してもらっておりました。今回もよろしくお願いしますというところでしょう。御勘定頭が相談して五貫文をくださることが寺社奉行から通達されています。

⑬天明四甲辰年（一七八四）十月十八日

一　厨川正一位稲荷別当　工藤淡路守

御宮御修履願之通被　仰付御修履成就仕、十七日御清メ御祈祷、十八日夜御遷宮、十九日御祈祷神楽仕度、依之手前物入を以御武運長久御祈祷右両日相勤、御祓差上申度、願之通被　仰付候ハハ、御紋御幕壱双拝借仕度旨申上、願之通寺社奉行え申渡之

※宮の修復が完成して、清めや遷宮や祈祷に神楽も日程が決まりました。武運長久を願ってお祓いをしたいと思いますのでご許可いただければ家紋入りの幕を拝借して使用したいと願い出て、寺社奉行経由で許可が申し渡されています。

厨川稲荷神社略年表

年表(1)

No.	西暦	年号	資料	内容
1	1675	延宝3	御領分社堂	南部重信夫人病気平癒お礼に御堂戸帳鳥居を寄進
2	1699	元禄12	刻銘	鋳造神狐像奉納
3	1703	元禄16	雑書	神饌田寄進　二石六斗八升
4	1704	元禄17	雑書	南部信恩生母慈恩院が拝殿建立　　櫻庭十郎右衛門代参
5	1705	元禄18	雑書	南部信恩参詣　別当長作神位を得るため京都へ　藩が銭五百疋出す
6	1706	元禄19	雑書	京都から長右衛門神位裁許状持参　代参黒沢伝兵衛
7	1730	享保15	扁額銘	村上吉住と易将奉納　猿橋義連揮毫
8	1735	享保20	雑書	南部利幹鞘堂建立
9	1740	元文5	雑書	拝殿大破　城下、盛岡五代官所勧化許可出る
10	1774	安永3	扁額銘	古澤康伯と康命奉納　三井親和揮毫
11	1753	宝暦3	御領分社堂	別当長太郎　本地仏寂光弥陀尊　往古小次郎建立　惣助火事で古文書失う
12	1782	天明2	雑書	別当工藤淡路守　相撲などに見学料徴収許可得る
13	1783	天明3	雑書	別当工藤淡路守　本社拝殿大破　城下盛岡五代官所三閉伊勧化許可　割当寄付禁止
14	1784	天明4	雑書	勧化不足　来年から花巻二郡奥通両鹿角の勧化許可出る　肝煎の協力を求めないこと
15				藩が修復に費用援助五貫文出す　修復完成遷宮　家紋入幕借用許可出る
16	1804	文化元	扁額銘	正一位稲生大明神　余尊寺流額奉納
17	1805	文化2	絵馬銘	大川守之進画　連中十四名奉納
18	1806	文化3	扁額銘	前川善兵衛富長奉納　松下鳥石揮毫
19	1808	文化5	扁額銘	齋藤善蔵奉納　光連揮毫
20	1818	文化15	台座銘	赤澤清助奉納
21	1824	文政7	扁額銘	五穀就成　諸願満足　奉納者不明
22	1829	文政12	絵馬銘	森嵩斎画　櫻庭十郎右衛門統安奉納
23	1847	弘化4	扁額銘	佐藤美清外三名奉納

24	1858	安政5	線刻銘	妙見社講中と秋葉講中が鰐口奉納
25	1859	安政6	絵馬銘	靭猿絵馬　櫻庭綱安が奉納　裏面に和歌あり
26	1888	明治21	扁額銘	中村某奉納
27	1914	大正3	台座銘	宮田重治　鋳金神狐像台座奉納
28	1918	大正7	扁額銘	陰暦九月廿九日奉納　奉納者不明
29	1921	大正10		橋場線（盛岡雫石間）開通
30	1925	大正14	刻銘	神楽殿前一の鳥居　皇紀二千五百八十五年　藤田源太郎奉納
31				二の鳥居前石灯籠　宮田隆太郎、宮田喜代治、外川又吉奉納
32	1927	昭和2	刻銘	二の鳥居　大澤みま奉納
33	1928	昭和3	扁額銘	厨川稲荷馬車組合を代表してヤマヨが奉納
34			刻銘	拝殿前製造神狐像一対　宮田喜代治、外川又吉、松岡直治奉納
35	1929	昭和4	刻銘	厨川馬車組合が馬魂碑を建立奉納
36	1930	昭和5	扁額銘	工藤千太が銭様鳥居形を奉納
37				工藤良憲奉納
38	1932	昭和7	刻銘	石橋を米沢末吉、山内富三郎が奉納
39				駒形神石碑建立
40				石段を菊池吉弥、村上榮一、米沢与八、佐々木文次郎、工藤清吉、米沢末吉が奉納
41	1933	昭和8	扁額銘	工藤勝蔵奉納
42	1934	昭和9	刻銘	南無馬頭観音石碑を宮田謙吉、宮田喜代治が建立
43	1939	昭和14		県招魂社払い下げ　全村民で解体運搬の勤労奉仕で拝殿柱建立式行う
44	1940	昭和15	扁額銘	国威宣揚額を佐々木兵助、照井長次郎が奉納
45	1951	昭和26	扁額銘	神饌田額を佐藤初五郎が奉納
46	1996	平成8		秋田新幹線開通
47	1998	平成10		拝殿と幣殿の屋根を銅板葺にする
48	2016	平成28		拝殿内外の扁額や絵馬などの調査を始める
49	2018	平成30		調査結果を『厨川稲荷神社の信仰と歴史』にまとめる

雑書に見える厨川（栗谷川）稲荷神社関連記事

巻	頁	年月日	西暦	記事
1				関連記載なし
2				関連記載なし
3				関連記載なし
4				関連記載なし
5				関連記載なし
6				関連記載なし
7				関連記載なし
8	125	元禄16･6･14	1703	慈恩院様（南部信恩生母岩井氏）の願いによって、栗谷川稲荷へ社領証文出る。岩手郡下栗谷川村　高2石6斗8升 里舘　彦十郎　別当は祈祷に懈怠がないように勤めよ。寺社御奉行石亀弥左衛門宅にて栗谷川稲荷へ。 元禄16･6･13付　楢山五左衛門　櫻庭十郎右衛門　中野吉兵衛。（三家老）
	466	宝永元･9･6	1704	くりや川稲荷堂拝殿、御袋様御建立になる。明後8日吉辰、湯立て神事の費用を下賜されたく、書面で申し上げる。 御袋様御寄進御建立だから、願いの通りにしてやるように、御町奉行米内半太夫と石亀弥左衛門から申し渡された。
	753	宝永2･9･22	1705	殿様（久信改め信恩）卯之刻、厨川稲荷へ御社参。御先へ御用人毛馬内左膳、日戸五兵衛参上。 御太刀馬代三百疋。御懸銭壱貫文。御初尾（御初穂のこと）五包。御歩行目付坂元源蔵これを持参。
	788	宝永2･10･19		栗谷河稲荷別当長作儀、神位願い上げのため京都に登ることを寺社奉行に申し上げる。願いの通り仰せつけられ、 明日出立。滝六右衛門と京都岡崎御番人浜田半左衛門への添え状と御初尾五百疋を寺社奉行から受け取る。
	884	宝永3･1･19	1706	栗谷川稲荷別当長右衛門が、稲荷に神位を得るために昨年上京していたが、昨日、裁可状を持参して帰着した。 奥州南部岩手郡栗谷川荒屋村、正一位稲荷大明神の祠官工藤淡路守藤原盛光、恒例の神事、参勤の時、 風折烏帽子と狩衣の着用が許可される。神道裁許の状件の如し。 宝永二乙酉十一月廿八日　神祇管領長上正三位侍従卜部朝臣　朱印
	885	宝永3･1･21		栗谷川稲荷大明神へ御名代御用人黒沢伝兵衛（娘が信恩側室利視生母浄智院）を派遣。 御太刀馬代金三歩包、御初尾十三包、御歩行目付佐々木惣七これを持参する。
	962	宝永3･6･3		昨夜亥の刻、藩主信恩側室の黒沢伝兵衛娘やす（康･浄智院）が御姫様を御出産したことを医師古川寿楽が報告。 母子ともに健康。五日振り飛脚を江戸に派遣。
9	30	宝永4･5･3	1707	厨川稲荷別当淡路守が、御守札を例の通り指しあげる。
	156	宝永4･9･8		厨川稲荷別当淡路守が御守礼を例の通り指しあげる。 （この年、藩主信恩厨川への出御十数回に及ぶ。狩りだと思われるが参拝は不明。）
10	811	宝永7･4･9	1710	勾当塚社の前に四十歳ぐらいに見える女の非人の死骸が見つかった。 勘三郎が見つけて届け出る。傷怪我なく厨川代官が埋葬した。

11	594	享保3・12・14	1718	御供物を栗谷川稲荷別当が例年と通り差し上げた。
	1073	享保5・12・14	1720	栗谷川稲荷別当が御備餅を例年の通り稲荷御年越なので差し上げた。
12	668	享保8・9・6	1723	9日、19日、29日まで栗谷川稲荷の祭礼のため警固の足軽の
				派遣を代官が申し出て、目付から例の通り申しつけられる。
	967	享保9・9・18	1724	吉助様(南部利視)、明19日厨川稲荷へ御参詣なされるむね、御附人申し上げる。
13				関連記載なし
14	244	享保14・9・8	1729	当月9日、19日、29日栗谷川稲荷の祭礼に警固の足軽派遣を申し出あり。例の通り申しつけるように申し渡した。
15	162	享保17・8・18	1732	弐石六斗八升、栗谷川稲荷別当長右衛門へ社領相違なく仰せつけられる。
				別当職懈怠無く相勤めるように仰せ出され、寺社奉行から申し渡す。
	534	享保19・1・16	1734	今日、御新丸において御能の御興行につき、(漆戸)勘左衛門と(毛馬内)九左衛門相詰める。
				御能千歳、高砂、翁三番叟、箙、松風、鉢木、遊行柳、邯鄲。狂言　末広がり、釣狐、花子、靭猿。
	535			殿様巳刻に御舞台に入られ、暮れごろ帰る。拝見者に菓子や赤飯くださる。
16				関連記載なし
17	332	元文5・11・朔	1740	栗谷川稲荷神社拝殿と(本殿欠落カ)が大破したので修理したい。
				御城下と上田・栗谷川・飯岡・向中野・見前通各御代官所での勧化許可願いが別当から出ていた。
				御家老中野吉兵衛から寺社奉行の織笠庄助へ許可の申し渡しがあった。
	539	寛保元・10・27	1741	厨川勾当塚で「げんべい」という博奕をやった者が在所と御城下追放となった。
18	160	寛保2・9・8	1742	栗谷川御代官所内厨川村稲荷祭礼、例年の通り三九日の警固の同心2人の派遣される。
19	151	延享元・9・4	1744	栗谷川稲荷、当月三・九日祭礼で同心(足軽)2人を警固を仰せつかり下される。
				(厨川)御代官と申し出たという。御目付ともに申し出た。
20	345	延享4・10・9	1747	栗谷川稲荷別当祭礼後に御城下と近在でお祓いの引賦する許可を申請し、寺社奉行より許可でる。
21				関連記載なし
22	152	寛延4・8・18	1751	(大釜村の川欠けによって松林を切ることになる。御勘定所が現地に向かったのか)　一　栗谷川稲荷前川端街道へ。
	351	宝暦2・8・5	1752	一　弐石六斗八升　厨川稲荷別当　工藤正太夫　親志摩守存命中に相続認める。
23				関連記載なし
24	565	宝暦10・2・30	1760	神社之覚　陸奥国之内　一　正一位稲荷社　社家　工藤長太郎。
25				関連記載なし
26				関連記載なし
27				関連記載なし

28				関連記載なし
29				関連記載なし
30	147	安永8・9・4	1779	神明祭礼時の浄瑠璃、厨川稲荷祭礼時の操の興業願ともに不許可を寺社奉行へ申し渡す。
	625	天明元・6・朔	1781	初めて鳥目差し上げ　厨川稲荷別当淡路守子工藤大内蔵お目見え
31	173	天明2・9・18	1782	厨川稲荷別当工藤淡路守申出。近年豊楽相撲芝居之類願上げなかった。御領内の繁昌、五穀就成の祈祷と豊楽草取相撲を実施する願が出て、願いの通り、寺社奉行から許可を通達。19日から晴天の3日間実施と、見物者から筵銭拾弐文の徴収する許可を頂戴したい。
	373	天明3・7・18	1783	栗谷川稲荷別当工藤淡路守から稲荷の本社拝殿大破、度々修復の願出をしたが許可でず。放置しておけないし、修復してもらえるまでは、何とか取り繕って神事は務めたいと思うので、盛岡五代官所と三閉伊通に勧化するのは近年は在郷ごとに困窮しているので寄付集めも難しいだろう。格別の普請場所なので許可はするが、村肝煎に寄付を家ごとに割り付けてもらうようなことはしないように寺社奉行から申し渡した。
32	234	天明4・10・16	1784	厨川稲荷別当工藤淡路守が、御祓殿、御拝殿、御神楽殿、休息所ともに大破したので御城下諸士丁と町、五代官所と三閉伊通にからの寄付を募って九拾六貫六百七拾三文分不足で自力では補いきれないので、外の代官所も残らず、寄付集めできるようにと願い出てきた。御勘定頭たちが吟味した結果、花巻二郡・奥通・両鹿角での寄付集めを許可した。但し、代官所に寄付帳を置いて、肝煎たちに相談させて郷割りなどにならないように各代官には通達を出しておいた。
	234 235	天明4・10・17		厨川稲荷別当工藤淡路守から御宮修覆完成すれば遷宮の費用がかかります。いままでも毎回ご負担いただいているので今回もよろしくお願いしますという申し出があったので、御勘定頭たちが相談して御代物五貫文を下されることになったので寺社奉行へその旨申し渡した。
	235	天明4・10・18		厨川正一位稲荷大明神御修覆が成就したので、別当から17日に御浄清メ御祈祷、18日夜正遷宮、19日御祈祷と御神楽をしたいと思います。費用は私が負担して御武運長久御祈祷を右両日勤めてお祓い差し上げたく、御紋御幕壱双を拝借したい願い出があったので、寺社奉行から願いの通り許可する旨伝えさせた。
33				関連記載なし
34				関連記載なし
35	245	寛政6・2・9	1794	栗谷川稲荷別当工藤淡路守が自分が費用を負担して、初午の12日に稲荷神前で、気候順時と五穀成就の祈祷と湯立神事や神楽を行ってお祓いを差し上げないと申し出たので願いの通り、寺社奉行から許可の旨を（同日、寺社などが費用負担をして祈祷を願い出て、御初穂料相等を下すことをやめたいと記す。）
36	146	寛政8・8・4	1796	住吉別当津守正造が今年ばかりは、八幡祭礼に門弟たちと神楽を奉納したいので御行列の御供を仰せつけられたい。14日と15日は夜神楽を奉納したいと栗谷川稲荷別当が申し出て、寺社奉行から願いの通り許可が出た。津守は工藤の門弟。

37	521	享和元•8•27	1801	工藤淡路守が、厨川稲荷大明神御本社、拝殿、神楽殿ともに大破したので、
				藩に御修復をお願いしたいところではあるものの時節柄恐れ多く、富鬮五会して
				その寄進料によって御本社、拝殿の屋根を葺き替え、そのほかに所々の修繕もしたいと
				願い出て、願いの通り、寺社奉行から許可を申し渡した。
38	30	享和2•2•12	1802	厨川稲荷祠官工藤淡路守が門弟津守大和守は住吉大明神神祠官職を数年務めて、
				御守札も差し上げているのでありがたく思っているので、お目見えの許可を願出でていたので、
				願いの通り許可が下りたので寺社奉行から通達した。
	31	享和2•2•13		厨川稲荷祠官工藤淡路守から倅志摩守が先達って病死したので、孫の式部を倅としたいと
				願い出があってその通りに許可が寺社奉行から伝達された。
	392	享和3•9•19	1803	御免地　一　弐石六斗八升　厨川稲荷別当工藤式部
				親淡路守存生の内に願いの通り相違なく仰せつけられ寺社奉行から申し渡す。
39				関連記載なし
40	209	文化5•10•7	1808	厨川稲荷別当工藤式部から、本社破損して修理したいので、その費用捻出のため、
				富鬮三会を行う許可申請が出て許可は寺社奉行から通達した。
41	332	文化9•7•4	1812	工藤式部を刀差格にする。御社役も勤めているので壱両壱人扶持をくださる。
				栗谷川稲荷宮への寄進高弐石六斗八升は神事と掃除料にあてて、
				勝手に別当が相続したり、家計の助けにしてはならない。
	374	文化9•9•23		霜月15日の参拝を親の都合で様々な神社で行うのは不相当のことなので、
				中津川向い、中津川手前、新山川向い、夕顔瀬川向いに分ける。心得違いの無いように申し渡す。
				夕顔瀬川向いや御城下近きところは栗谷川稲荷大明神へ参詣いたせ。

覚書		慶応篇	1868	1865から1867まで関連記載なし　厨川が街道筋であるため人馬や金銭提供の記述が多い。
覚書		明治篇	1870	明治3•11•13　厨川稲荷神社神主駿河事　工藤多喜治とある。

参考文献

もりおか歴史文化館蔵『文藻諸芸人名録』太田孝太郎旧蔵

「南部盛岡藩文芸人名録（稿）」『福岡大学研究論文集』二〇一三

『盛岡市史』別篇「人物志」正編　一九五四　太田孝太郎編

同　続編　一九六一　太田孝太郎編

同　再読編　一九六四　太田孝太郎編

小松雅雄『江戸に旋風　三井親和の書』信濃毎日新聞社　二〇〇四

中井敬所「日本印人伝」『日本の篆刻』中田勇次郎編　二玄社　一九六六

森銑三著作集　第四巻　人物篇　「三井親和」

もりおか歴史文化館蔵『貞享落穂集』南部利謹書写

『南部藩参考諸家系図』国書刊行会　前沢隆重外編集　一九八五

岸昌一編『御領分社堂』岩田書院二〇〇一　南部家宗教関係資料1

岸昌一編『寺社記録』岩田書院二〇〇一　南部家宗教関係資料2

角川書店『岩手県姓氏歴史人物大辞典』一九九八

八戸市立図書館蔵　「聖堂江御旗并御重箱御献納一件」安永四年（一七七五）
八戸南部家文書